JN168799

近代科学の先駆者たち

「技術立国日本」復興に必要な"見識"とは

テクノロジスト
金子 和夫

はじめに

終戦七〇年の年、私は八〇歳という人生の大きな節を刻みました。世代的にはいわゆる〝戦中派〟で、終戦を迎えた時は一〇歳。〝不敗〟と信じていた日本が戦争に負けたことで子供心にショックを受けましたが、それ以上に戦争が終わったことへの安堵《あんど》感で純粋に喜んでいました。

長じて電気工学を学び、二六歳で独立起業をして現在に至っていますが、その間、敗戦国・日本の奇跡的とも言われる復興を目の当りにし、善きにつけ悪しきにつけ日本社会や経済の動向を肌身で感じてきました。

翻《ひるがえ》ってみれば、日本に科学技術が導入されたのは、明治維新前後からです。当時の日本人は、欧米先進国に比べ周回遅れの近代国家建設のために壮大な〝志《こころざし》〟を抱き、世界を瞠《どう》目させる発展を成し遂げました。

その推進力となったのが、「和魂洋才《わこんようさい》」という思想でした。この四文字には、日本人の精神性と西洋の科学技術の融合を図るとの意味があります。そこには、我が国が長い歴史の中で培《つちか》ってきた文化的土壌の上に、西洋の科学技術を存分に学び活かして日本を西洋諸国に負けぬ国に押し上げようとの熱い〝志〟がうかがえるのです。

しかし、いつしか日本はそうした〝志〟とは異なった軍国主義の方向へと進み、敗戦という高い代償を払ったあとは、比較的順調に来たように見えましたが、ここ二〇年ほどの間、社会のあらゆる分野でほころびを呈しています。「失われた二〇年」と言われるゆえんです。

精神的な荒廃もさまざまに指摘され、眉《まゆ》をひそめさせる事件も続出するようになりました。残念ながら私は、戦後の日本人が見失ってしまったのが、実は「和魂」ではないかと考えています。「失われた二〇年」の間に精神性を含む日本の良き文化は崩壊の危機に瀕《ひん》し、経済成長もあまり期待できず、さまざまな面で荒廃への道を歩んでいるように思えてなりませんでした。

そんな時に起きたのが、二〇一一年三月十一日の東日本大震災でした。我が国を根底から揺るがすことになり、特に福島の原発事故は科学技術者としての私にとって、それはそれは大きな衝撃でした。

呆然とした事態に立ちすくみながらも、未来へ一石を投じようと、私は科学技術者としての〝思い〟を綴《つづ》ることを決意しました。二〇一二年三月に『「脱原発」で本当に良いのですか?』、一五年三月には『「原発」、もう一つの選択』を単行本として上梓《じょうし》しました。標題が示すように、いずれも現代科学の〝申し子〟とも言うべき原子力発電をテーマにした著作です。これらの著作では、豊かで安全な社会を永続させていくための方途を探《さぐ》ったつもりですが、私の真意は経済優先でことを進めてきた戦後の日本人の心のありようを問い直すことにありました。そして、その原点になるべきものが〝志〟ではないか、との思いを深めるに至ったのです。

一方で、グローバル化のさらなる進展にともない、世界の中での日本の存在価値が問われる局面が増えてきています。このような、いわば「内憂外患《ないゆうがいかん》」に直面している我が国を直視する時、いま私たちに問われているのは、日本という国のあり方に関する〝最善の解《かい》（答え）〟をどう見出すかということではないでしょうか。

敗戦直後の日本人を大いに勇気づけたのが、一九四九年の湯川秀樹（一九〇七―八一）のノーベル物理学賞の受賞でした。国力が疲弊した日本が世界に誇るべきは

〝科学的知見〟であることに気づいた瞬間だったとも言えるでしょう。

ちなみに、二〇一五年の受賞者二名はいずれも自然科学部門（物理学、化学、生理学・医学）で、この部門での受賞者は二十一世紀以降では米国に次ぐ世界第二位（十三名）です。「失われた二〇年」と言われながらも、多くのノーベル賞受賞者を輩出していることの意味を、改めて考えてみるべきと思います。

さらに、二〇一四年には我が国の近代化の象徴たる富岡製糸場（本書第二部参照）が、引き続いて一五年には韮山《にらやま》反射炉を含む明治日本の産業革命遺産（同第三部参照）が〝世界文化遺産〟に登録されました。嬉しいことです。日本はまだ、捨てたものではないのです。

嬉しいことが、まだあります、ここに来て、かつての〝日本人の心根〟が国内外で注目されるようになったことです。

一二五年前のトルコ軍艦「エルトゥールル」号が和歌山沖で遭難、沈没した際、当時の町民が献身的に救出したことが脚光を浴び、本が出版され映画も公開されました（本書エピローグ参照）。また、ユダヤ人六〇〇〇人の命を救い「日本のシンドラー」

と讃えられる故杉原千畝《ちうね》にも大きな光が当てられ、これまた映画化され反響を呼んでいます。

かねてより「国際的な日本の欠陥は、歴史の検証力が弱いこと」とも言われています。だからこそ私は**「迷ったなら原点に還《かえ》れ」**との箴《しん》言のごとく、幕末から明治初期に活躍した日本の近代科学の先駆者たちが抱いた〝志〟とその業績に光を当てることで何かが見えてくるのではないかと思い、三度目《みたび》の筆をとることにしました。

幸い、私のふるさと長野県松代《まつしろ》は、明治維新を担った吉田松陰、勝海舟、坂本龍馬などが師事した佐久間象山《ぞうざん》を世に送り出しました。NHKの明年の大河ドラマ「真田丸」の主人公たちの真田家がのちに藩主になった地です。そうした歴史的な視点も織り込みました。

本書は多くの方々に手に取っていただきたいと思いますが、特に二〇代、三〇代の若い世代の方々にこそ読んでほしいというのが筆者の秘かな願望であることを付言しておきます。

二〇一五年　初冬

金子 和夫

近代科学の先駆者たち●目次

第三部　鉄は国家なり

第一部

真田家と象山ゆかりの〝開明の地・松代〟

■真田家の治世二五〇年

私のふるさとは、長野県の松代《まつしろ》です。江戸時代は松代藩・真田家の城下町でした。二〇一六年度のＮＨＫ大河ドラマ「真田丸」は、真田幸村が主人公。幸村（本名・信繁）は大阪の陣（一六一四、一五年）で豊臣方の武将として活躍し、徳川家康の本陣まで攻め込み討死したことで後世に勇名をのこしました。

大阪の陣にさかのぼる一六〇〇年の関ケ原の戦いで、真田家は当主・昌幸と次男・幸村が豊臣方、長男・信幸（のち信之）が徳川方というように親子兄弟が敵対する形になりましたが、これは家名を残すための方策だったと言われます。事実、勝者の徳川方についた信之には信濃国上田領（九・五万石）が与えられ、昌幸と幸村は死罪とされたものの信之の尽力によって蟄居《ちっきょ》処分で済んだのでした。

やがて、豊臣家を助けるべく大阪城に入った幸村は、難攻不落の「真田丸」という砦を築き、徳川軍をおおいに悩ませたのです。幸村の〝家康打倒の志〟と勇猛果敢な行動力は、その死後、家康をはじめ徳川軍の諸将が称賛するところとなり、真田家の名声を高めました。信之は、松代に領地替えになり（一六二二年）、十万石（当初十三万石）の松代藩は明治の廃藩置県（一八七一年）までの約二五〇年間、真田家の治世が続きました。その居城・松代城は、武田信玄が永禄年間（一五五八―七〇）に造営した海津城《かいづじょう》がもとになっています。

■「信濃の国」と象山先生

江戸時代、信濃国には幕府直轄地のほか十一の藩がありましたが、廃藩置県で北部が長野県、南部が筑摩県《ちくまけん》に二分割されました。一八七八（明治十一）年、筑摩県庁が火災で焼失したことで政府は一方的に筑摩県を長野県に併合したため、旧県民の間に感情的なしこりがのこりました。

これを解消する役割をしたのが、一九〇〇（明治三十三）年に発表された「信濃の国」（作詞・浅井洌、作曲・北村季晴）という歌でした。歌詞には、あえて〝長野〟という言葉を使わずに県内の名所、自然、産業、偉人などがくまなく紹介され、一九六八（明治四十三）年には〝県歌〟に指定されています。

実は、長野県民は誰もがこの「信濃の国」を歌えます。と言うと、他県の人たちは信じられないという顔をします。しかし、本当なのです。長野県民は子供の頃から歌っていて、私も六番までである歌詞を諳《そら》んじています。

歌詞の五番に、偉人の一人として登場するのが、佐久間象山です。

「旭将軍義仲も　仁科の五郎信盛も　春台太宰先生も　象山佐久間先生も
　皆此の国の人にして、文武の誉れたぐいなく
山と聳《そび》えて世に仰ぎ　川と流れて名は尽《つき》ず」

ちなみに、象山という号を一般的には「しょうざん」としているようですが、長野県人は「ぞうざん」と言います。松代には象山という山があり、その山名を口にするたびに、ふるさとの偉人を想起するのです。したがって私も、このエピローグの以下の稿では「ぞうざん」と呼ばせていただくことにします。

象山の生家は、奇しくも私の母・筆野《ふでの》の実家（依田《よだ》家）の隣で、互いに下級武士の家柄でした。象山が子供の頃の依田家の当主は、曾祖父・文左衛門（幼名・筆之助）でした。母の名前は祖父にあたる文左衛門の幼名にちなんでいます。そのような縁も

象山神社　　写真／著者撮影

あって、幼い頃から象山には尊敬と親しみを覚えていました。

現在、象山の宅跡には象山神社が、近くに象山記念館が建っています。

神社は一九三八（昭和十一）年の創建。井戸のみが当時のままで、境内には象山ゆかりの建物が移築されています。本殿、宝殿、拝殿・祝詞殿、絵馬殿、社務所、園池は国の登録有形文化財に指定されています。

二〇一一（平成二十三）年六月、生誕二〇〇年祭が催されましたが、それに先立って馬上姿の象山先生の等身大の銅像の除幕式が行われました。

■藩主・幸貫に見出された天賦の才

松代藩の下級武士出身の象山を重用したのが、第八代藩主・真田幸貫《ゆきつら》（一七九一―一八五二）です。幸貫は第八代将軍・徳川吉宗の曾孫で、あと継ぎがいなかった真田家に養子として入りました。

さらに実父が寛政の改革に敏腕をふるった老中首座・松平定信という血筋の良さもあって幕府の重職に登用され、一八四一（天保十二）年に五一歳で老中に就任し、幕末の難局に直面しました。この時、頼りにしたのが象山だったのです。

象山は若年の頃から「一を聞いて十を知る」と、その天賦《てんぷ》の才が藩内で評判でした。藩主・幸貫は二一歳の象山を世子の側近として取り立てましたが、家庭の事情で長く続きませんでした。やがて江戸へ遊学。これは藩命によるもので、朱子学の第一人者の佐藤一斎に入門しました。象山二三歳の時です。幸貫は江戸で一流の人物に会わせ、必要な書物を彼の言うままに買い与えるなど、象山を破格の待遇で迎えました。このことが彼の才能をさらに伸ばしたのですが、反面、若いゆえの傲慢《ごうまん》さを助長する原因にもなったのです。

象山は二年後に帰藩しましたが、自らの処遇に不満を抱いて四年後に再び江戸へ。神田に「象山書院」という儒学の私塾を開くかたわら江戸藩邸学問所頭取として人材育成に取り組みました。この私塾は一八四六（弘化三）年、彼が藩命で松代に帰るまで七年ほど続きました。その間、幕府の海防担当の老中になった藩主・幸貫に、海外事情を調べるように命じられたことが、象山の人生を大きく転換するきっかけになりました。それまでの儒学者としての立場から、西洋の科学的合理主義を取り入れた実学者としての才能を開花させたのです。

一八五一（嘉永四）年、江戸・木挽町《こびき》に「五月塾」を開き、西洋学と西洋流砲術の指南役になりました。この塾は入門者があとを絶たなかったほど盛況をきわめ、山本覚馬（会津藩士）、橋本左内（福井藩士）、河井継之助（長岡藩士）など多くの英才が学んでいます。

象山の業績は後述しますが、以下に門下生だった代表的な三人、吉田松陰、坂本龍馬、勝海舟について触れます。

■吉田松陰に海外渡航を勧める

吉田松陰（一八三〇—五九）は、「五月塾」の塾生でした。松陰は、ペリーが〝黒船〟で浦賀に来航した一八五三（嘉永六）年、師の象山と共に遠望観察をし、西洋文明の凄さに驚嘆しました。そして象山の勧めもあって、海外へ留学する決意を固めたのです。

最初はロシア軍艦に乗り込もうと長崎へ向いましたが、到着した時、軍艦は予定を早めて出港してしまっていました。ペリーが条約締結のため二度目に浦賀来航をした一八五四（安政元）年、松陰は〝黒船〟に乗り込みました。しかし乗船拒否をされ、行き場を失った松陰は奉行所に自首し投獄されてしまったのです。

弟子の密航事件に連座して象山も投獄され、死罪にしようという動きもあったのですが、友人で開明派の能吏・川路聖謨《としあきら》の進言によって老中首座・阿部正弘が反対し、二人にはそれぞれ国許で蟄居という処分が下されました。

松陰は長州藩に移送後、藩の野山獄に収監され、一八五五（安政二）年に許されて実家の杉家で幽閉の身に。二年後、叔父が開設した〝松下村塾〟の名を引き継ぎ、実家の敷地に建物を建てて塾を開きました。この塾から維新の志士が輩出し、のちに明治政府の要職を担う人材が多数生まれたことは周知のところです。しかし松陰が、象山によって海外に目を向けるようになったことは、あまり知られていないようです。

一方、松代での蟄居を命じられた象山は、隠忍自重の生活を強いられました。とはいえ、生来の学問好きは相変わらずで、海外への関心もますます強まっていたのです。赦免されたのは九年後、五二歳の時でした。

象山は一八六四（元治元）年、一橋慶喜（のち十五代将軍）に招かれて京都に向かい、自説の公武合体論と開国論を説きました。当時の京都は尊王攘夷派の志士たちが暗躍していたので、〝西洋かぶれ〟と目を付けられていた彼の身は非常に危険だったのです。にもかかわらず彼は警護もつけずに、五尺八寸（約一・七六m）の長身を西洋鞍の白馬に乗せて、ひときわ派手な身なりで京都の街中を闊歩《かっぽ》しました。

その年の七月、象山は京都三条木屋町の路上で暗殺されました。弟子・松陰が安政の大獄に連座した罪で江戸伝馬《てんま》町牢屋で斬首（一八五九年）された九年後でした。

坂本龍馬、勝海舟も師事

坂本龍馬（一八三六―六七）が象山の「五月塾」を訪れたのは、一八五三（嘉永六）年。龍馬は剣術修行のため一年間の江戸遊学（自費）を藩に認めてもらい、北辰一刀流の千葉道場に入門しました。その年の六月、〝黒船来航〟で龍馬は臨時招集されて土佐藩下屋敷守備の任務につき、日本が危機を迎えていることを肌身で感じたのです。十二月、龍馬は象山の塾生となり、砲術、漢学、蘭学を学びました。

しかし翌年四月、象山が吉田松陰の密航事件で投獄されたため、龍馬との師弟関係は短期間で終わってしまったのですが、龍馬の思想に大きな影響を与えたようです。

象山が藩主・幸貫の求めに応じて提出したのが「海防八策」で、その趣旨は洋式火器の大量製造と海軍の設置、そのための人材育成を説いた挙国体制策でした。龍馬は塾生の時、象山からその内容を教授されていたはずです。龍馬が長崎から暗殺地となる京都に向かう船中で語り、海援隊士が書き留めたとされる「船中八策」は新しい日本の国体のありようを八か条（次ページ）にまとめたもので、この理想は明治政府に

「船中八策」

一、天下の政権を朝廷に奉還せしめ、政令よろしく朝廷より出づべき事

一、上下議政局を設け、議員を置きて万機を参賛せしめ、万機よろしく公議に決すべき事

一、有材の公卿諸侯及び天下の人材を顧問に備え官爵を賜い、よろしく従来有名無実の官を除くべき事

一、外国の交際広く公儀を採り、新たに至当の規約を立つべき事

一、古来の律令を折衷し、新たに無窮の大典を撰定すべき事

一、御親兵を置き、帝都を守衛せしむべき事

一、海軍よろしく拡張すべき事

一、金銀物価よろしく外国と平均の法を設くべき事

著者注：原文を現代の表記に改めました。

引き継がれ近代化の礎になりました。うがって言えば私には、龍馬が「八策」としたところに、象山の影響が読み取れるのではないかと思われるのです。

象山と弟子二人に共通するのは、新しい時代が到来したのを見ずに非業《ひごう》の死を遂げたことです。しかし、理想を実現するためには命も惜しまないという気概があったのです。〝志《こころざし》〟とは、そういうことではないでしょうか。

ところで龍馬と象山は、ある人物を介して深く結び付いていました。それが、勝海舟（一八二三―九九）です。龍馬と海舟の出会いについては、興味深い逸話がのこっています。海舟の赤坂の屋敷を訪ねた龍馬は、当初は海舟を斬るつもりだったのですが、幕府使節の一員として米国に渡った経験がある海舟の話を聞いて、暗殺計画を断念したどころか、逆に尊敬するようになったというのです。事実、龍馬はのちに海舟が設立した神戸海軍塾の塾頭を務めるなど、海舟の意に沿った働きをしています。

龍馬が海舟を暗殺しようとしていた話は、実は海舟自身がその回想の中で語ったことで、話を面白くするための作り話ではないかとも言われます。真偽はともかく、海舟は龍馬を「落ち着いていて、何となく冒《おか》しがたい威厳があって、良い男だったよ」

と評しています。

海舟もまた、象山の門下でした。門下というだけでなく、義理の兄という深い関係にありました。その妹・順が、象山に嫁いだからです。松代での蟄居期間中、象山は海舟に頼んで、たびたび外国の書籍を届けてもらい、手紙などから政治動向を把握していました。師であり義弟に対して、海舟は「佐久間象山はもの知りだったよ。学問も博く、見識も多少持っていたよ、しかし、どうもほら吹きで困るよ」と、お得意の逆説的言い回しで評しながらも、暗殺の報を知った時は「国家の為、痛憤胸間に満ち、策略皆画餅（描いた餅になってしまった）」と本気で慨嘆しています。

「ほら吹き」といえば、海舟自身もそう言われていました。松陰も、龍馬も、そうでした。現代では〝中身がない話をする人〟とか〝嘘つき〟というニュアンスで使われる言葉ですが、幕末には〝大言壮語の人〟を意味していました。つまり、天下国家を論じる理想主義者ということです。日本の近代化は、こうした〝大言壮語の人〟によって生み出されたと言ってよいでしょう。

余談ながら海舟は江戸城の明け渡しという形で幕府解体を主導した人物ですが、江戸開城の報を聞いて自害したのが、前記の川路聖謨（一八〇一―六八）です。川路は下級武士出身ながらも有能だったことで幕臣に取り立てられ、要職を歴任。前述のようにに死罪になりかかった象山の助命に奔走した友人でした。

〝黒船来航〟の時は開国を唱え、日露和親条約締結（一八五四年）に際し、勘定奉行として条約交渉に当った川路を、ロシア全権使節プチャーチンの秘書官は「川路は非常に聡明であった。彼は私たち自身を反駁《はんぱく》する巧妙な弁論をもって知性を閃《ひらめ》かせたもののの、なおこの人を尊敬しないわけにはいかなかった」と書きとどめています。

川路は安政の大獄のおりに外国奉行を罷免され隠居の身となりましたが、自らの後任に推挙（実現せず）したほど象山の能力を高く評価していました。

■当時の建物がのこる藩校・文武学校

象山は松代藩内に学問を嫌う風潮が強く、そのため自らの活躍の場がないことに不満を抱いていました。藩に正式な学問所（藩校）をつくるべきとの思いを藩主・幸貫に進言していましたが、財政難や重臣の反対などで、なかなか実現しませんでした。

加えて藩内には、下級武士出身の象山を幸貫がひいきしていることへの嫉妬があったことも想像に難くありません。

幸貫が藩校の建設を本格的に進めるようになったのは、幕府の老中職を辞任してからです。辞任のきっかけは、象山に命じて建議した「海防八策」が採用されなかったためとされ、幸貫は病気を理由に幕閣を去りました。一八四四（弘化元）年のことです。

この七年後、幸貫は家督を譲り、六二歳で亡くなっています。したがって、象山が吉田松陰の密航事件に連座して投獄されたことを、幸貫は知らないまま世を去ったのでした。

武士の子弟の教育機関としての藩校は、幕府が文治政治へと政策転換したのちの宝暦年間（一七五一—六四）以降に全国的に広まりました。多くの藩が、藩政改革のための人材育成を迫られたからです。最盛期には、全国に二五五もの藩校が存在しました。江戸時代を通じて藩はおおむね三〇〇と言われるので、小藩以外は藩校を設置していたことがうかがえます。中でも有名だったのは、会津の日新館、水戸の弘道館、尾張の明倫館、長州の明倫館、佐賀の弘道館、肥後の時習館、薩摩の造士館などです。藩校をつくる際に幸貫が手本としたのが、水戸・弘道館でした。一八五二（嘉永五）年、藩校の建築工事が始まり、文武学校と命名されました。しかし同年、幸貫が病死したため、第九代藩主・幸教《ゆきのり》（一八三六―六九）が遺志を受け継ぎました。文武学校は一八五五（安政二）年に開校しましたが、この時、松代に蟄居していた象山は立場上、この藩校には関わっていません。

一四歳で藩主になった幸教は、統率力がなく、しかも病弱でした。そのため、幸貫が登用した象山などの優秀な人材を使いこなすことができなかったのです。幕末、松代藩は幕府を支持する〝佐幕派〟と、倒幕をめざす〝尊王派〟が対立しました。

象山は、藩内の対立に巻き込まれることはありませんでしたが、京都で〝尊王派〟の刺客に暗殺されるに及んで、藩内は〝尊王派〟が優位になりました。このことからも、松代に不在の身ながら象山の影響がいかに大きかったかがわかります。

文武学校に入学できたのは、武家の子供、それも男子に限られました。入学年齢は八歳で、一四歳までは文学（学問）を主に学び、一五歳からは文学に加え武芸の稽古を本格的に行い、三〇歳（のち三五歳）まで続けることになっていました。科目は、漢学、医学、軍学、槍術、柔術、西洋砲術などがあり、生徒が自由に選べましたが、西洋砲術は必須科目で文学と武芸を両立させることが求められていたようです。必須科目の西洋砲術は、幸貫の命令で象山が研鑽した成果がもとになっています。

一八六八（明治元）年、松代藩は文武学校の中に兵制士官学校をつくることを決め、翌年、フランス兵制に詳しい武田斐《あや》三郎（元・大洲藩士）を招きました。武田はオランダ語、フランス語、英語に通じていて、砲学を象山に学んでいました。こうして象山の業績は、藩士たちに受け継がれていったのです。

一八七一（明治四）年七月、藩政改革によって松代藩は松代県（のち長野県に併合）となり、松代城は取り壊されました。しかし文武学校は松代県学校と名を改め、のこされたのです。建築当時のまま今にのこっている藩校は、全国で文武学校だけと言われています。

学制発布（一八七二年）で、身分に関係なくすべての子供が小学校に入学できるようになった時、文武学校は第五四番小学校・松代学校となり、校舎もそのまま使われ

松代藩文武学校　写真／著者撮影

ていましたが、一九五三（昭和二十八）年に国の史跡に指定されたことで保護すべき対象とされました。

ちなみに私は、文武学校の後身・松代国民学校（のち小学校）を経て、町立松代中学校を卒業（一九四八年）しました。

中学校の校歌の三番にも象山の名がとどめられています。校歌はのちに「松代中学校学友会歌」（次ページ）として歌い継がれました。

「松代中学校学友会歌」

一、
北信州の　山の裾
千曲めぐりて　ゆくところ
歴史も古き　松代に
若き命の　火ともえて
新しき国　負いゆかむ
希望に立てり　我が母校

二、
あした輝く　アルプスの
高嶺《ね》さやかに　学をねり
遠白々と　ゆく川の
絶ゆる間もなく　身をきたえ
心はひろく　たくましく
自由の園を　つくるべし

三、
海津の古城　苔むして
象山地《つち》に　眠るとも
かの封建に　開国を
唱えし血潮　我にあり
思いは遠く　人類の
平和の世界　きずかなむ

中村清美 作詞
杵渕佳三 作曲

著者が松代中学校時代に歌っていた「校歌」。新学制実施（一九四七年）に伴い、町立中学校として新設。歌詞の三番は佐久間象山を称える内容。

【人物誌―①】

「和魂洋才」の先覚者

佐《さ》久《く》間《ま》　象《ぞう》山《ざん》

文化八年～元治元年
一八一一―一八六四

肖像画／真田宝物館所蔵

松代藩士・佐久間一学（国善）の長男として生れる。父親は下級武士ながら文武に優れ、藩内では一目置かれる存在だったとされます。

幼少の頃から秀才の誉れ高く、あだなは〝ててっぽう〟で、松代の方言で〝ふくろう〟のこと。二重まぶたの大きな瞳が、色白の顔にひときわ目立っていたことからついたようです。

三歳で易経の六十四卦（占いの法則）を諳《そら》んじたと伝えられるほど数理に興味をもち、これが長じて合理的思考に基づく科学的成果をおさめるもとになりました。

■洋学との出会い

二〇代まではもっぱら儒学者としての道を歩み、二九歳の時に江戸で「象山書院」を開塾。三年後、藩主・幸貫の命で西洋事情を調べるようになったのが契機になり、洋学の研鑽に励みました。その背景には、中国で起きた阿片《あへん》戦争（一八四〇—四二）がありました。儒学の国・清が、近代兵器を装備した軍艦で攻め込んで来た英国に惨敗したのです。この衝撃が、鎖国攘夷を強める結果となりました。

そこで洋式砲術を学ぶため江川英龍（76p参照）の塾生になり、砲術の実用性に目覚めるところとなったのです。しかし、江川とはそりが合わなかったようで、ほどなく退塾して下曽根金三郎の門下になりました。

下曽根と江川は幕府公認の洋式砲術・高島流の兄弟弟子の関係でしたが、教授法に違いがありました。下曽根は砲術の普及のため求めに応じてすべて公開していたのに対し、江川は〝秘伝〟と称して簡単には教授しなかったのです。

藩主の命もあって早く様式砲術をマスターしなければならなかった象山には、江川の塾はまどろっこしく思えたのでしょう。

江川と下曽根の塾で学んだ二か月余りのち、象山が幸貫に上書したのが「海防八策」です。幕閣で海防担当の老中だった幸貫はこれを建議しましたが、採用されませんでした。しかし、この鎖国攘夷に基づく軍事的海防論は高い評価を得たのです。まさに「一を聞いて十を知る」と言われた天賦《てんぷ》の才を物語るものでしょう。

清国の二の舞にならないうちに洋式兵器を国産化しなければならない、との思いがつのり、象山三四歳の時、黒川良安を自宅に住まわせてオランダ語を学び始めました。一日の睡眠時間わずか二時間という猛勉強のすえ、二か月ほどで難解な原書を読めるまでになったとされます。

蘭学は江戸時代にオランダを通じて日本に流入した学術・技術の総称で十八世紀後半にブームになり、一七九六年には日本初の蘭和辞典『ハルマ和解《わげ》』が刊行されました。

ところで、一八二三年に長崎出島のオランダ商務館付きの医師として来日したシーボルトは翌年、鳴滝塾を開設して西洋医学を教授、日本の近代医学の道を開きました。

しかし、外国の開国要求を警戒した幕府は、国内の蘭学者たちを弾圧。一八二八年にシーボルト事件、一八三九年に蛮社の獄といった弾圧事件が起きています。

実は、蛮社の獄事件が起きた年に「象山書院」が開設されているのです。したがって、蘭学を学ぶことは政治的なリスクをともなっていました。しかし、西洋の合理的な学問の魅力は、そのリスクに優《まさ》るものがあったのです。加えて、象山には外国に対抗し得る国産の大砲を一刻も早くつくらなければならないという切迫した使命感がありました。

一八四六年、松代に戻るよう藩命が下り、「象山書院」は七年で閉鎖をよぎなくされました。蘭学を学び始めて三年目には、独習ながらベウセルの『砲術書』を読みこなし、オランダの百科全書『ショメール』から多くの知識を得ていました。これらの書物はとても高価でしたが、藩主・幸貫が惜しみなく買い与えたものです。

松代では藩領のうちの三つの村の担当者として政務に当りました。この時の記録(『沓野日記』)には、日々の温度が摂氏・華氏で表記されています。寒暖計を持参していたようなのです。また、鉱物や植物にも明るく、化学的知識も持ち合わせていました。

『ショメール』を読んで養豚に興味を持っていたため、豚肉を食べる習慣がなかった農民たちに私費で十頭になるまで飼育する殖産計画を提案。しかし反発されて農民一揆（沓《くつ》野騒動、一八四九年）にまで発展、藩から謹慎を申し渡されています。

一方で、『ショメール』をもとに有益な業績もあげています。その最大のものは、電信実験です。藩の鐘楼（次ページの写真）と約七〇メートル離れた建物の間に電線を張り、電磁石を利用して製作した指示型電信機で「サクマシュリ」（修理は通称）と送ったと伝えられています。鐘楼が建つ場所は、〝日本電信発祥の地〟として史跡になっています。また、カメラ（留影鏡）もつくっていて、自ら撮影した肖像写真のプリント二点が現存しています（象山記念館蔵）。カメラの形や構造、写真の原板は不明ですが、プリントがのこっている以上、それなりの成果をあげたと推察されます。

面白いのは、地震予知器。これは馬蹄形の磁石に鉄片を付けたもので、地震が起きる前に鉄片が離れることで予知できるという、ちょっと不可解な代物です。ただ、有料で頒布していた様子を記した手紙がのこっています。予知が可能だったかどうかを

象山が電信実験をしたと伝えられる藩鐘楼(上)と
松代(海津)城遺構(下)

写真/著者撮影

確かめるすべはありませんが、それなりに自信作だったのではないかと思われます。

一八四八年、三八歳の時、松前藩）北海道）の依頼で口径一〇センチほどの大砲（加農砲＝カノー砲）を鋳造。これは、ベウセルの『砲術書』に学んだ成果でした。

とはいえ、当時としては発想があまりにも開明的でときに言動が不遜と見られた向きもあり、藩内の理解者が少なかったことも事実のようです。

洋式砲術の第一人者

一八五一年、江戸居住を許され、「五月塾」を開きました。現在の築地あたりで、地の利があったことと「西洋真伝砲術指南」というキャッチフレーズが効を奏し、大勢の入門者が訪れました。〝真伝〟としたのは、洋式砲術・高島流との差別化を図る意味合いが込められていたのでしょう。

この年、懸案だった松前藩の加農砲の試射を、姉ヶ崎（千葉）の海岸で行いました。これには、近在からも見物人がたくさん集まったようです。ところが三発ほど撃ったところで、砲身が壊れてしまいました。

立ち会った松前藩士は「先生を信頼して大金をかけたのに無駄になってしまった」と嘆きましたが、「蘭書を読んで誰もできなかったことをやったのだから、間違いがあって当然。日本広しといえども、拙者以外にできる者はおらぬ。失敗は成功のもとと言うではないか。もっと金をかけて稽古をさせてくださらぬか」と平然としていた…そんな逸話がのこっています。

「大砲を　うちそこなってべそをかき　あとのしまつを　なんとしょうざん（象山）」と、当時庶民の間で流行していた狂歌は、試射の失敗を茶化しました。

にもかかわらず、中津藩（福岡）が西洋式大砲一門の鋳造を依頼してきました。「五月塾」の近くに藩邸があったことで入門する藩士も多く、失敗を糧にして性能を向上させた結果、この大砲がトラブルを起こしたという記録はないようです。ちなみに、慶応義塾を創設した福沢諭吉も中津藩士で、当初は藩邸内で講義をしていました。

ペリーの〝黒船〟に乗り込んだ弟子・吉田松陰に連座して入獄の身となった一八五四年以降、表立った行動ができない状況が長く続きました。しかし、発明に対する意欲は持ち続け、暗殺をされる四年前（一八六〇年頃）には〝ガルハニセスコックマシネ〟と呼んでいた電気治療機（次ページの写真）を完成させています。内部に誘導コイルを有し、電磁誘導を利用して電気を発生するしくみで、象山作と伝えられるものが松代に二点現存し、他に逓信総合博物館（東京）に一点認められます。

一八六二年、妻の順がコレラに罹った時、「本品を試したところ、自らつくった薬や手当とあいまって一週間ほどでけいれんが止まった」と、順の兄・勝海舟あての手紙に記しています。

革命思想家としての見識

幕末とは、ペリーが〝黒船〟で浦賀に来航して幕府に開国と通商を迫った時（一八五三年）から明治維新（一八六八年）までの十五年間です。

この十五年のうち、象山は四三歳にして七か月に及ぶ江戸での入獄、約九年間に渡る松代での蟄居、暗殺されたのが維新の四年前（五四歳）という歳月を差し引くと、表立った活動期間はわずか一年半程度。それも先駆的な開国思想ゆえの殉《じゅん》教という形で、生涯の幕を閉じました。

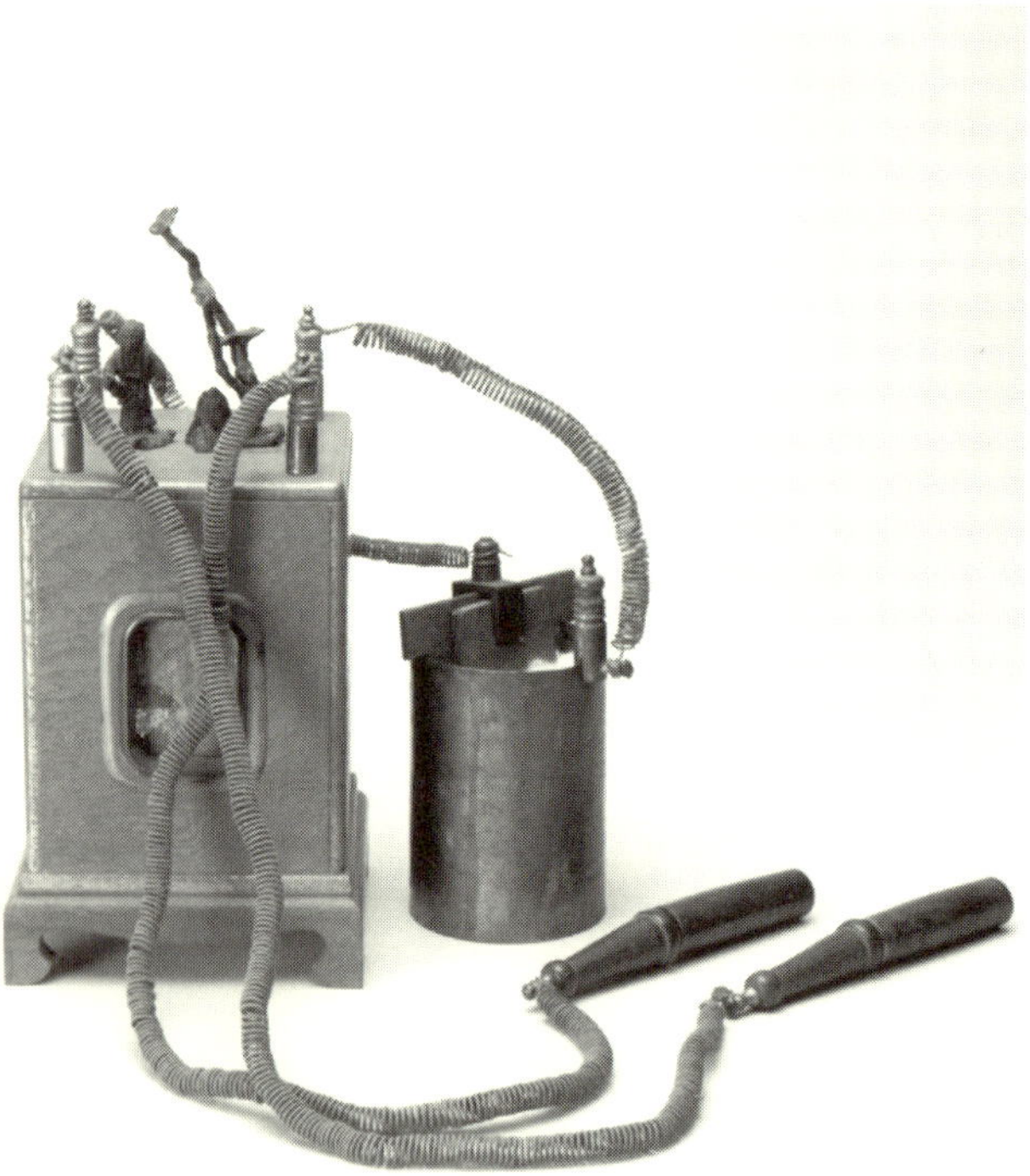

象山作と伝えられる電気治療機

真田宝物館所蔵

思想的なバックボーンとなっていたのは「東洋の道徳（儒学）と西洋の芸術（技術）の融合」で、明治期の啓蒙思想「和魂洋才」の先覚者といって過言ではありません。藩主・幸貫に提出した「海防八策」で洋式火器の大量製造を唱えたのは、幕府が鎖国攘夷を強めていたからです。しかし〝黒船〟を遠望観察した時から、先駆的な開国論を主張するようになりました。日本の大砲の射程距離外に停泊している（つまり船の大砲の射程距離が圧倒的に長く性能が優っている）ことを知って、これでは戦争などできっこないと、「一を見て十を知った」のです。いわば科学的知見のままに、開国論者として幕末を駆け抜けたと言ってよいでしょう。

この〝非常時の知見者〟は、実理を第一とし、空理空論を嫌いました。弟子の一人に、次のような文章を贈っています（原文は漢文、著者が意訳）。

「宇宙には実理は二つとありません。この理があるところ、天地も鬼神も百世の聖人といえども逆らうことはできないのです。近年、西洋人が発明している多くの学術は、すべて実理に基づいていて、われわれの学問の道のたすけになります」

実理とは、真理を意味します。真理の探究こそが目的で、そのためには西洋の学問や技術を積極的に取り入れなければならない、と。

そして、合理的精神で実理に迫ろうとしているのは自分だけと自負し、それを〝使命〟としていました。「革命思想家」と言われるゆえんです。

人にはそれぞれ、持って生まれた〝宿命〟があります。しかし、人生の上で〝運命的出会い〟から〝使命〟を見出して燃え尽きることができるかどうかは、ひとえに自らの判断や生き方で決まってしまいます。

私のふるさと松代の偉人・佐久間象山の人生は、まさしく〝宿命〟に生き、〝運命〟に挑戦し、〝使命〟に燃え、そして〝天命〟に従ったものではなかったか、と思うのです。

第二部

近代科学の揺籃・富岡製糸場

世界文化遺産

誰にも幼い頃の遠い記憶の一場面が、蘇《よみがえ》ってくることがあると思います。

二〇一四年六月、富岡製糸場（群馬県）が世界文化遺産に登録されることが決まったとのニュースを知った私の脳裏には、五歳の時、父にせがんでトラックに乗って出掛けた旅の記憶が蘇りました。さかのぼること七十四年も前です。

旅の目的地は、熊谷（埼玉県）の繭《まゆ》倉庫でした。父・藤作は〝養蚕師《ようさんし》〟と呼ばれていた繭糸商人《けんししょうにん》で、納品のために松代（長野県）から向かったのでした。

この繭倉庫は、富岡製糸場を吸収合併した片倉製糸紡績（現・片倉工業株式会社）の工場内にありました。

本稿を書くに当って調べてみたところ、合併したのが一九三九（昭和十四）年、片倉富岡製糸所と改称されているので、私が訪れた時には同製糸所の熊谷工場だったことになります。ちなみに、熊谷工場の繭倉庫は現在、「片倉シルク記念館」として一般公開されています。

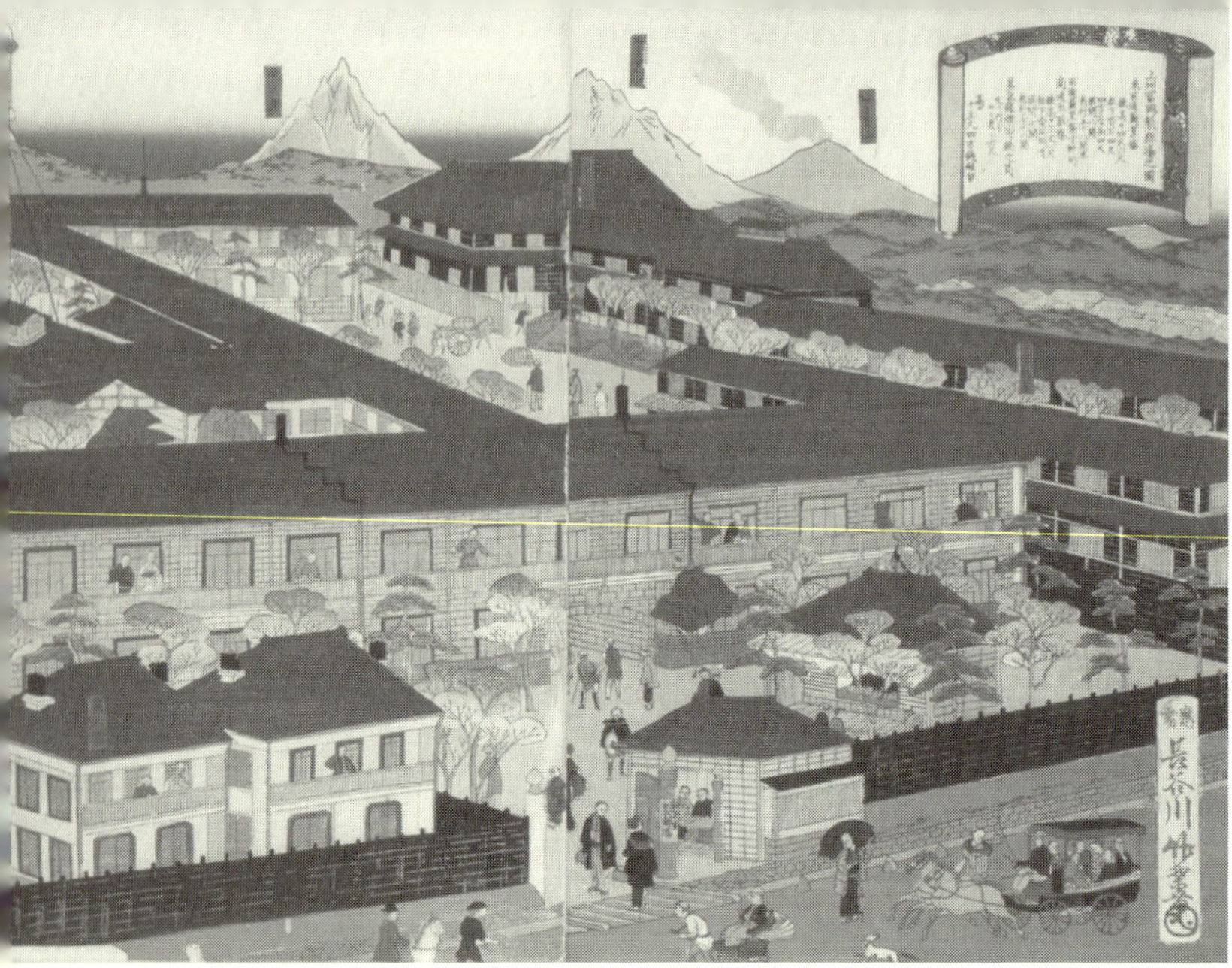

そのようなわけで富岡製糸場が世界文化遺産になったことは、父と仕事上の関係があったということもあり、私にはひとしお誇らしく思えるのです。

富岡製糸場は一八七二（明治五）年に開業した、日本初の本格的な器械製糸工場です。近代化は、手工業から器（機）械工業への転換という観点で語られることがありますが、その意味では富岡製糸工場はまさに我が国における〝近代科学の揺籃《ようらん》〟といっても過言ではないでしょう。

近代化を急いだ明治新政府が、文明開化と並ぶ重要な政策として掲げたのが「殖産興業」でした。ヨーロッパの先進技術を導入すべく

「上州富岡製糸場」
明治５年・長谷川竹葉作

図／富岡市立美術博物館提供

官営模範工場を設立し、機械の輸入と技術者の招聘《しょうへい》を積極的に推進しました。

政府が近代工業を興すために民間の模範となる官営工場として計画されたのが富岡製糸場で、八幡製鉄所（福岡県・二〇一五年世界文化遺産登録、１０７p参照）と造幣局（本局・大阪府）と並ぶ〝三大官営工場〟とされました。

工場設立に当って招聘されたのが、フランス人の生糸技術者ポール・ブリュナ（一八四〇―一九〇八）。彼は新政府の依頼で工場用地を調査した結果、東京からそれほど遠くない養蚕地帯で広い敷地、水や石炭が確保できる適地として上州・富岡を選んだのです。

【人物誌―②】

近代化への高い〝志〟

尾高《おだか》　惇忠《じゅんちゅう》

文政十三年〜明治三十四年
一八三〇―一九〇一

写真／ウィキペディア

官営富岡製糸場の初代場長・尾高惇忠を悩ませたのは、女子労働者（工女）が集まらないことでした。世界最大規模の製糸工場として、ブリュナが計画書で必要とした人員は約四六〇名。政府が全国で公募したにもかかわらず応募者は皆無に等しいありさまだったのです。

その背景には、幕末の攘夷思想や外国人に対する偏見がまだ根強く残っていて、特に地方では「工女は生き血を取られる」といった流言が飛び交っていたからです。

そこで尾高は窮余の策として、一三歳の長女・勇《ゆう》を郷里の深谷（埼玉県）から呼び寄せ工女にしました。ほどなく深谷から十七名の娘たちが富岡にやって来ました。その後も、応募者は続きました。「日本の近代化のために、この工場を何としても操業させなければならない」との尾高の思いに共感した郷里の人々が、子女を送り出したのです。

私は、自ら範を示すために我が子を呼び寄せた尾高の見識と、彼を支援しようとした郷里の人々の温かな気持ちに心打たれます。そして明治の近代化は、尾高のような高い〝志《こころざし》〟を抱いた人によって先導され、それに共感した人々が形づくったものだったのではないかと思うのです。

操業当初の状態で保存

やがて、政府が募集に力を入れたこともあって士族の子女が続々と集まるようになり、開業半年目で五五〇人余の工女が就業するまでになりました。

富岡製糸場が近代的とされたのは、機械による生産というだけでなく、労働環境が先進的だったからです。工女には能力給が導入され、一日八時間程度の労働、週一日

東置繭所　国宝　　写真／富岡製糸場提供

の休息日や年二〇日の休暇、食費・寮費・医療費はタダといったように、従来の常識では考えられない待遇でした。このような配慮はブリュナに負うところも大きかったのですが、それを受け入れ実行した場長・尾高の〝器《うつわ》の大きさ〟がなければ成し得なかったに違いありません。

　幕末に鎖国政策を変えて外国との貿易を始めた当時、最大の輸出品は生糸でした。しかし急増する輸出量で需要が高まった結果、質の悪い生糸が大量につくられ、日本製品の評判を落としました。

　明治維新後、政府は日本を外国と対等な立場にするため、産業や科学技術の近代化を推し進めました。それに必要な資金を生糸の輸出で得ようとしたのが、官営富岡製糸場設立の目的だったのです。

最初に工女となった尾高勇ら十八名は短期間で技術を習得し、熟練工女として多くの後輩を育成しました。彼女たちの技能の高さは、開業翌年に開催されたウイーン万国博覧会（一八七三年六月）に出品した生糸が二等進歩賞牌を受賞したことで証明され、あわせて日本製品の質の良さをアピールすることになったのです。

操業一年目（一八七三年）からは、我がふるさと松代も工女を送り出しました。その一人の和田英《えい》（旧姓・横田、一八五七―一九二九）は、松代藩士の子女でした。父・数馬は松代周辺十二か村の区長を務めていて、工女不足を知ると「国のため」と英を含む十六名を応募させたのです。熟練工女になった英は一年後、松代に戻って日本初の民営器械製糸場・六工社《ろっこう》の創業（一八七四年）に参加。技術指導者として活躍後、長野県営製糸場の製糸教授に就任しています。

長野県は昔から養蚕が盛んで、〝蚕糸王国〟と言われた時期もありました。乾燥した気候が養蚕に適し、山岳地ゆえにその傾斜を利用して蚕の餌になる桑畑をたくさん造成できたからです。したがって、私の父のような〝養蚕師〟といった職業が成り立ったのでしょう。

六工製糸場は、富岡製糸場をモデルにしたフランス式製糸工場というふれこみでしたが、器械の動力源になる蒸気釜を地元の松代焼（陶器）でつくるなどの創意工夫がこらされました。この製糸場は現在、復元されています。明治新政府は近代化政策を推進するに当って、外国人を高額な給料で雇い入れました。

ちなみに富岡製糸場の創業においては、首長ブリュナの他に製図職・銅工職・機械工が各一名、検査人二名、教婦（工女の指導役）四名の計九名のフランス人がいました。場長・尾高の月給（七五円）は、ブリュナの月収（月給プラス賄料）の十分の一でした。しかし、この法外な人件費が、製糸場の経営を圧迫していくのです。

製図職バスティアンは、驚くことにわずか五〇日で設計図を完成させました。それほど早くできたのは、彼が携わった横須賀製鉄所（一八七一年完成）の設計を応用したからと推測されています。工場の建設工事も急ピッチで行われ、着工から一年四か月で完成、三か月後には操業開始という信じ難いスピードでした。このことからも、

検査人館（3号館）　国指定重要文化財　写真／富岡製糸場提供

急いで近代化をしなければならないとの、当時の関係者たちの意気込みが伝わってきます。

ブリュナが五年間の契約期間を終えて帰国する前年（一八七五年）、尾高は場長の職を辞しました。この時、富岡製糸場は富岡製糸所と名を改めています。

この官営工場は、器械製糸の普及と技術者養成という当初の目的が果たされたとして一八九三（明治二十六）年、民間に払い下げられました。その後、さまざまな紆余曲折《うよきょくせつ》を経て一九八七（昭和六十二）年の操業停止に至るまで実に一一五年の歴史を刻んだのです。

その間の一九三九（昭和十四）年以降は前記のように現在の片倉工業株式会社の経営下にあり、同社は「日本の近代化の象徴を後世に伝えたい」との理念を掲げ、操業停止後も二〇〇五（平成十七）年まで工場の建物を維持し、保存につとめました。

明治政府がつくった官営工場の中で、ほぼ完全な形を現在にとどめているのは富岡製糸場だけで、主要建物は国の重要文化財（一部は国宝）に指定されています。一四〇年前の建物が当時のままにのこり、しかも保存状態が極めて良いことが世界文化遺産としての高い評価につながったのです。

学あり、行いあり、君子の器

尾高惇忠の実家は兼農商家でしたが、一七歳の時に自宅で私塾（尾高塾）を開き、近郷の子弟に学問（儒学）を教え始めました。しかし三〇代半ばに水戸学の影響を受けて尊王攘夷に傾倒し、一八六四（元治元）年の水戸・天狗党の乱では入牢処分になっています。

やがて彼は幕府と共に行動する佐幕派に転じ、一八六八（慶応四）年の江戸城の無血開城にともなって上野の山に立て籠《こ》もった彰義隊《しょうぎ》に参加。次いで新たに結成された振武《しんぶ》軍の一員として官軍と戦い（飯能戦争《はんのう》）、敗残兵として命からがら落ちのびたのです。

その尾高を、明治新政府の役人にし、富岡製糸場の初代場長としたのが、渋沢栄一（後述）でした。尾高の妹・千代は渋沢の妻で、末弟の平九郎は渋沢の養子でした。渋沢平九郎は振武軍参謀として実兄の尾高と行動を共にし、飯能戦争では二二歳という若さで自刃しています。尾高は渋沢にとって、人生の師でした。七歳の頃に尾高塾の塾生になり、『論語』と書を教わりました。また、二〇歳の時には尾高に連れられて藍玉《あいだま》（染料）販売のために長野に出向くなど、商売の師でもあったのです。

尾高が、国が創設する富岡製糸場の場長に任命されたのは一八七〇（明治三）年、四一歳の時でした。翌年、富岡に出向き、敷地選定や建設現場の実務などに携わり、七二年七月から七六年十一月まで製糸場の運営に当りました。

場長辞職の理由の一つになったのが、規制されていた秋期の養蚕（秋蚕《あきご》）を奨励したのを政府に咎《とが》められたことでした。当時、生糸の原料・繭を生み出す養蚕は春だけ（春蚕）とされていました。尾高は、器械化にともなう原料不足をカバーするために、政府の承認を得ずに秋蚕の普及を図ろうとしたのです。

後年、養蚕は年四回以上も行われるようになりましたが、そのきっかけになったのが場長の職を賭してまで奨励した秋蚕だったことを考えると、尾高は近代における養蚕の先駆者といっても過言ではありません。

その後、尾高は渋沢栄一が興した第一国立銀行に入り、盛岡支店（岩手県）の支配人として九年間勤務。その間、北上川の舟運の近代化のための会社設立に奔走しました。五八歳で仙台支店（宮城県）の支配人に転じ、ここでも林業の振興のために組合を設立するなど、近代化への〝志〟を貫いたのです。

第一国立銀行を辞したのが一八九二（明治二十五）年、六三歳の時です。亡くなったのは、二十世紀になった直後の、一九〇一（明治三十四）年一月二日でした。

尾高の墓碑銘には「学あり、行いあり、ああ君子の器。われまた誰をか頼らん、何んぞわれを捨てて逝けるや」との、渋沢の悲痛な一文が記されています。渋沢はその言葉通り、尾高塾で学んだ七歳から五十五年間、一貫して尾高惇忠を師と慕い、行動を共にしたのでした。

【人物誌―③】

資本主義の父

渋《しぶ》沢《さわ》栄《えい》一《いち》

天保十一年〜昭和六年
一八四〇―一九三一

写真／ウィキペディア

富岡製糸場は、渋沢の存在抜きには語れません。前述のように尾高惇忠を場長に登用するように政府に働きかけたり、ブリュナとの契約等、工場立ち上げまでの陰の立役者でした。

渋沢は、藍玉の製造販売と養蚕を兼営する豪農の家（現・埼玉県深谷市）に生れました。幕末に静岡藩士、次いで幕臣となり、明治維新後は政府官僚、そして実業家と、めまぐるしく転身し活躍の分野を広げます。とりわけ五〇〇もの企業を立ち上げた実業家としての手腕、六〇〇にも及ぶ教育機関・社会公共事業への貢献は、現代の私たちの目を見張らせるものがあります。

君は、ほらを吹くのか！

政府の中枢にいた大隈《おおくま》重信（一八三八―一九二二）は、部下の渋沢の進言に語気を強めて、こう言い放ったとされます。

「君《くん》は、ほらを吹くのか！」

この時、養蚕製糸の産業としての価値を滔々と語る部下に対して、大隈は農家出身の渋沢ならではの大言壮語と受け止めたようです。

実は、このほら話こそが、富岡製糸場設立の発端になったのでした。

明治新政府は、維新を推進した薩摩（鹿児島）、長州（山口）、土佐（高知）、肥前《ひぜん》（佐賀）の、いわゆる〝薩長土肥〟四藩の旧藩士が要職を占めていました。渋沢は、肥前藩出身の大隈の推挙で一八六九（明治二）年、政府官僚に登用されました。

彼が大蔵省を経て民部省の租税担当になった時、殖産興業のための政策を立案し、中でも輸出商品の主力だった生糸に関する進言の一環として富岡製糸場の創設、輸出蚕種の規制、養蚕奨励策などを提起したのです。

生糸の輸出は、幕末の横浜開港（一八五九年）に始まりました。当初、外国の貿易商は原則として横浜の十里以内の居留地貿易とされたため、日本の生糸商人が横浜に品物を持ち込んで売買する方法がとられていました。しかし生糸生産は手工業で、需要増にともなう大量生産には不向きです。無理に量産をしようとすれば、品質が低下します。事実、粗製乱造で輸出用の生糸価格は暴落を繰り返し、このようなジレンマを明治政府も抱えていました。

「質が高く量産が可能な生糸をつくるには、外国の器械と先進技術による近代的な工場がどうしても必要だ」と、渋沢は力説したのです。

彼は富岡製糸場の主任になり、実務を場長・尾高惇忠に任せました。完成した近代的な製糸場には繰糸工場、繭倉庫、蒸気釜所、乾繭所、工女宿舎などの建物が立ち、工費はおよそ二〇万円。中でも操糸器は三〇〇釜と、世界最大規模を誇っていました。結果として、この製糸場は日本の生糸産業の器械化の端緒となり、渋沢の思惑通り外貨獲得の主要部分を担い、明治の近代産業を牽《けん》引する役割を果たしたのです。

富岡製糸場の作業場と工女

写真／東京国立博物館提供

論語と算盤

しかし渋沢は、富岡製糸場が操業を始めた半年後、政府の財政運営をめぐって大隈らと対立して辞職。一八七三（明治六）年、大蔵官僚の時に設立の指導をしていた第一国立銀行の総監役として実業界に転出しました。そして、「道徳経済合一《ごういつ》」論を唱えるようになったのです。

「道徳と経済を合一させなければならない」との彼の思想は、幼少期に尾高塾で教わった『論語』に基づいていました。彼がこのような説を唱えるようになった背景には、武士出身者の〝金銭蔑視《べっ》〟に対する危惧《きぐ》があったからです。

「武士は食わねど高楊枝」との俗諺《ぞくげん》に見られるように、利を目的とした経済活動をするのは道徳に反する、との気風は武士の教養とされた儒学（主に朱子学）によって生み出されたものでした。しかし渋沢は、「少なからず孔子は『論語』ではそうは言っていない、誤解・曲解による認識」と喝破《かっぱ》したのです。

〝金銭蔑視〟の気風がもたらした経済観念の欠如は、武士出身者で構成された明治新政府の中にものこっていて、例えば産業の近代化を目指して設立された官営模範工場が採算を度外視した経営を行ったゆえに、いずれも莫大な赤字を垂れ流し続け、国家財政の危機を招いたことにも象徴されます。

渋沢は幕臣だった時、将軍・慶喜の名代としてパリ万国博覧会（一八六七年）のために渡仏した弟・徳川昭武に随行。その後、昭武と共にヨーロッパ各国を視察しました。その際、渋沢は一緒に随行した武士たちがプライドばかり高くて、経費を節約しようといった経済観念がまったく無いことに失望しています。

一方、彼はこの旅を「天来《てんらい》の福音《ふくいん》」、即ち天が与えたチャンスと捉えていました。西洋文明を自分の目で見て、その本質を把握しようとしたのです。こうした態度は、近代科学の方法論として今日にも受け継がれている「帰納法」に通じます。実は、渋沢に「帰納的推論法」を教授したのが、尾高惇忠だったとも言われているのです。

言葉が通じない異国で、渋沢は個々の事象の観察を通じて西洋文明の本質に迫り、深い感慨を胸に抱いて帰国しました。その思いが後に、「道徳経済合一」論に結び付いたのではないでしょうか。

ところで、渋沢を尊王攘夷の行動家から開国派に転じさせたきっかけは、「電信機の使用法を習ったことではないかと思われる。」（山本七平『近代の創造』）との指摘があります。これは、第一部で記した佐久間象山が幕末に浦賀沖に来航した〝黒船〟を遠望観察し、日本の大砲の砲弾が届かない距離に停泊していたことで相手の大砲の性能を推し量り「日本は到底、敵《かな》わない」と瞬時に知見したのと同様に、渋沢も「一を見て十を知る」人物でした。

現代における経営書のバイブルと言われる『マネジメント』の著者ピーター・ドラッカー（一九〇九－二〇〇五）は、渋沢をこう評しています。

「明治という時代の特質は、古い日本が持っていた潜在的な能力をうまく引き出したことですが、それは、渋沢栄一という人物の生き方に象徴的に表されています。」

「渋沢は、フランス語を学び、ヨーロッパに滞在し、フランスやドイツのシステムを研究しました。そうしたヨーロッパのシステムを、すでに存在していた日本のシステムに、うまく適合させたのです。」

「彼には思想家である側面と行動家としての側面を結合するユニークな才能がありま

した。ふつう、思想家というものは行動することが苦手で、行動家は思想家から考えを借りるものです。渋沢は思想家としても行動家としても一流でした。」

（『NHKスペシャル　明治一　変革を導いた人間力』NHK出版）

「ヨーロッパのシステムを、すでに存在していた日本のシステムに、うまく適合させた」とは、「道徳経済合一」であり、「和魂洋才」に他なりません。

渋沢は我が国における〝資本主義の父〟と呼ばれますが、彼には近代化と共に台頭してきた明治の資本主義のゆがみを正さなければならないとの使命感がありました。そして、ゆがみの原因を〝道徳の欠如〟と見なしたのです。これには、儒学への誤解・曲解によって経済活動を非道徳的と見なす認識、自己の利益追求のみを図る行為、の二つの意味が込められていました。

彼は、民間の事業者が適正な利潤を自由に追求できる社会制度、即ち株式会社のシステムの導入が必要と考えました。「お金がなければ大業は成し得ない。そのために儲ける必要がある。が、道徳を欠いてまで儲けようとする行為は反社会的で永続性がない。利殖は道徳に基づいた真正なものでなければならない」という論法が、その思想の根幹をなし、行動原理になっていたのです。

彼の高い〝志〟を記した著書『論語と算盤《そろばん》』（一九一六年）は、我が国の資本主義の本来のありようを説いた名著として、今日に至っても企業経営の指南書として読み継がれています。

危機回避のアイディア

二六〇年も続いた徳川幕府を倒してできた明治新政府は、当然のことながら難題をたくさん内包していました。財政もその一つで、ことに政府樹立後も続いた戊辰《ぼしん》戦争（一八六八―六九）の戦費が重くのしかかっていたのです。

渋沢が大蔵省に入った時、国家財政は文字通りの〝火の車〟でした。収入源は幕府から没収した直轄地だけ。それ以外の各藩の財政も、おしなべて危機的状況にありました。

新政府が政治的にも財政的にも国内を統一するようになったのは一八七一（明治四）年七月の廃藩置県からで、これは〝第二の維新〟と言ってよいでしょう。

明治維新を題材とした小説を数多くのこした司馬遼太郎は、こう記しています。

「廃藩置県が大名の反乱なくして行われたのは、日本人が共有していた危機意識のおかげだった。」（『「明治」という国家』NHKブックス）

そのこともさりながら、反乱が起きなかった背景には、渋沢が大蔵官僚として策定した公債証書の発行があったことも見逃せません。当時の各藩は、幕末に乱発した藩札・藩債の償還《しょうかん》、つまり借金返済に苦しんでいました。政府がそれを肩代わりしてやらないと藩も、藩にお金を貸している民衆も黙っていないだろう…だが、国庫は空っぽ。そこで彼は、各藩に年度別バランスシートをつくらせ、それに基づいて政府公債（国債）を発行することで救済を図ったのです。

公債発行というアイディアは、渋沢がフランスで得た知識がもとになっていて、彼は自ら購入して利益を得た経験がありました。そして公債の償還のためにも、国富を増す「殖産興業」を急がなければなりませんでした。

実は、廃藩置県と公債発行は同時に行なわれています。渋沢のアイディアは、ある意味で明治新政府の危機を救ったとも言えるのです。

前述したように、渋沢は大蔵官僚の時に国立銀行設立の担当でした。近代的な国立銀行の創設という課題は、政府内で大きな意見の対立がありました。伊藤博文（一八四一―一九〇二）が米国の制度の採用を提議すると、大隈重信らが英国の制度にすべきと反論し政争になったのです。伊藤は、銀行制度の調査のために渡米後の一八六七（明治三）年末に意見書を提議、米国のナショナル・バンクの制度を推奨しました。

以下は余談です。私は、伊藤博文と米国の銀行との間の、実に興味深い発見をしました。それは、一九八五（昭和六十）年の米国旅行でのことです。

当時、私の会社の取引先の三菱銀行支店長の紹介で訪れたサンフランシスコ支店は、元はと言えば同行が合併吸収したバンク・オブ・アメリカでした。そこで「面白いものがありますよ」と見せてもらったのが、伊藤博文の署名のある「五〇万ドルの借用書」だったのです。

残念ながら経緯はつまびらかではありませんが、きっと伊藤は国の発展のために五〇万ドルを借りたのでしょう。それを見た時、私は「明治の人は、ここまでして国を発展させようと必死だったのか。偉いものだ」と素直に感銘を深くしました。

聞いたところでは、富岡製糸場創設の計画が浮上した時、フランスが合弁会社にしようと持ち掛けたのを、伊藤が断っているそうです。この製糸場は、前述のように器械も技術者もフランス頼みだったので、財政難のおりの資金面での協力は渡りに舟だったはず。しかし、それをはねのけた見識の高さに、私は感激したのです。

もっとも、五〇万ドル借用の目的が製糸場のためだったのかどうかは、今となっては確かめようもありません。ただ、伊藤と渋沢が大蔵省時代に親しい間柄だったことを考えあわせると、私の想像も存外、的外《まと》れではないかも知れません。

■富国か強兵か

「殖産興業」を急いだ明治政府が、廃藩置県後に掲げたスローガンが「富国強兵」でした。欧米の先進国に〝追いつき〟さらに〝追い越す〟には経済力と軍事力を増強しなければならない、との考えからです。

中でも軍事は幕末以来、装備や兵制の近代化が急務とされ、新政府もこれを踏襲。

一八七二（明治五）年に操業を始めた官営富岡製糸場が〝富国〟の象徴的存在とされる一方、翌年に布告された「徴兵制」が〝強兵〟という政府方針を国民に浸透させることになりました。

政府は、ヨーロッパの先進技術を導入した官営事業で欧米に追いつこうとしました。そのため、〝採算は二の次〟のモデル工場がたくさんできてしまったのです。累積する財政赤字を解消すべく、一八八〇（明治十三）年に「工場払い下げ概則」が内務省・大蔵省・工部省・開拓使に示され、官営事業は軍事工場を除いて民間経営に移行することになりました。

「富国強兵」を国民が実感するところとなったのは、日清戦争（一八九四―九五）前後からです。欧米の先進国の植民地化を恐れて「文明開化」を急いだ我が国がこの戦争で清国に勝ち、台湾を統治するようになったことで、国内あげて狂喜乱舞したのでした。

しかし、渋沢は日清戦争後に商工業が発展を遂げたにもかかわらず、政府が〝富国〟を無視して〝強兵〟にかまけていることを危惧していました。

「富をなす根源は何かと言えば、仁義道徳。正しい道理の富でなければ、その富は完全に永続することができぬ。」（『論語と算盤』）

この言葉には、戦争という道義に反する行為によって富を得たとしても、つかの間の満足にしか過ぎず、本当の意味での国家の、国民の幸福に結び付くものではない、との渋沢の悲痛な叫びが込められているようです。

そもそも、富国と強兵を一体化したスローガンにしたことに、日本の近代化が内包した政治的ジレンマがあったのではないでしょうか。

富国か、強兵か…渋沢栄一の問いかけは、日本を含めて現代の世界各国にも向けられているかのように、私には思われてなりません。

第三部

鉄は国家なり

遠からず一九八〇年代頃まで、我が国には「鉄は国家なり」という明治以来のスローガンが生き続けていたように思われます。〝鉄〟という言葉が与える堅固で重厚なイメージは明治の近代化を象徴し、鉄鋼業は日本の基幹産業としての揺るぎない地位を独占し続けてきたのです。

戦後の復興の主役になったのも鉄でした。ビルの建材や交通網の整備、建設機械など産業機械の需要が増大し、主要輸出品となった自動車や電化製品の素材として鉄鋼が大量に消費されました。

ところで鉄は、弥生時代に青銅器と一緒に輸入品として我が国にもたらされ、やがて主に砂鉄を原料とする〝たたら製鉄〟という日本独自の手法が発達しました。硬い鉄でつくった農具は、農作業の効率を飛躍的に高め、生産性を向上させました。しかし一方で、鉄は武具・武器として利用されるようになり、古代から近・現代に至る戦争の主役になったのです。

幕末（一八五三年）、浦賀に来航した〝黒船〟は文字通り鉄の塊《かたまり》でした。その威圧力に驚き慌てた幕府は、やむなく開国に応じざるを得ませんでした。

【人物誌——④】

科学的合理主義の代官

江《え》川《がわ》英《ひで》龍《たつ》

享和元年～安政二年
一八〇一——一八五五

肖像画／江川文庫提供

江戸時代、江川家は代々、伊豆（静岡県）の韮山《にらやま》代官という職責を務める名家でした。幕府の直轄領の行政官（旗本）で、韮山におけるその家系は鎌倉時代にまでさかのぼるとされます。

江川英龍が第三十六代当主になったのは一八三五（天保六）年、三五歳の時でした。江川家の当主は太郎左衛門を襲名するのが家例で、その名を通称とし、また坦庵《たんあん》という号で呼ばれることもあります。

代官に就任した当時、天保の大飢饉で苦しんだ領民に善政を施したことから、「世直し江川大明神」と崇められました。

洋式砲術の先駆者

地方の代官だった江川にスポットが当てられたのは、〝黒船〟の来航がきっかけでした。幕府との開国通商交渉後、ペリーがいったん帰国の途につくと、江川には江戸湾の品川沖に砲台（台場）を設置するようにとの幕命が下されたのです。

江川が管理していた伊豆は江戸湾への入り口に当り、一八〇〇年代に入ると外国船がしばしば近海に現れるようになりました。これに対して幕府は「異国船は打ち払う」と言いつつも、日本の大砲の実力では実効性がともないませんでした。

父のもとで幼少の頃から英才教育を受けた江川は、洋学にも親しんでいて和式砲術の限界をいち早く察知。西洋流砲術を修めて幕府公認の流派を創始した高島秋帆《しゅうはん》に入門し、免許皆伝を受けました。そして、海防問題に真剣に取り組むようになったのです。

今や東京湾ベイエリアの観光名所となった「お台場」は、幕府が江川に命じてつくらせた砲台跡です。当初の計画では台場は十一基つくられることになっていましたが、江川の急逝（一八五五年一月）や財政難などで五基完成しただけ。台場には青銅製の大型の大砲が据《す》えられましたが、実戦に使われることはありませんでした。往時の姿をとどめるのは、第三台場跡（臨海公園）と海面に浮かぶ第六台場跡のみです。

もっとも江川は、内心では砲台設置の効果に疑問を抱いていたふしがあります。自らの建議（計画案）を、幕府が採用しなかったからともされます。しかし彼は、自分の考えが受け入れられないとわかると、次善の策を提案し、次第に完全なものにするように心掛けていました。科学的合理主義者と言われるゆえんです。

このように、江川はことに当っては自己に固執《こしつ》せず、現実に即した柔軟な思考の持ち主でした。これは現代の科学者にも求められる態度、即ち「仮説を立て、それを実証する。実証不可能な仮説は勇気をもって捨て去り、新たな仮説を立て直す」ということにも通じます。

その姿勢は、江川が〝高島流砲術伝授〟を掲げた私塾で弟子たちに伝えられました。最初の塾生は佐久間象山（34ｐ参照）でしたが、四〇日余りの滞在で免許皆伝を受けることなく退塾したため、江川家の記録では象山に一日遅れで入門した勘定奉行の川路聖謨《としあきら》（象山の友人）を第一番入門者としています。

塾では、大小銃砲の射撃、火薬製造、城制、陣法などの修練に加えて医学もあり、塾生は韮山の江川家に止宿して学びました。その数は最終的に、二八〇名に及んだとされます。

江川の私塾は「韮山塾」として名をとどめていますが、これは塾生たちが便宜上呼んでいた通称のようです。

敬慎第一、実用専務

江川は「敬慎《けいしん》第一、実用専務」を信条とし、弟子にもそれを心掛けるように指導していました。「敬慎第一」とは対人関係においては〝うやまって、つつしみ深い態度を取ること〟で、それには贅沢な暮らしを求めないことを条件としました。事実、彼は粗衣粗食の代官として、領民たちからも尊敬されていたのです。

その一方で、私費で技芸の士を招いて教えを請い、国の将来に備えたと言われます。

江川は私欲を離れ、公のために尽くすことを最善とする生き方を生涯、貫きました。「実用専務」について彼は「日頃十分の技をもっていても、いざというときには五分の力しかだすことができない。もし、八分の力をだすことができれば天下に敵なしと言うことができる。」と常々語っていたそうです。

また、海岸線防備の代官として英国船マリナー号を退去させるための交渉の時、江川は西洋の心得（マナー）を研究し尽くし、その任に当ったと言われます。

このような実利実践の哲学を生み出したのは、江川の科学的合理主義に負うところが大だったのではないかと、私には思われます。

江川の才は、やがて幕府内で高く評価されるようになり、勘定吟味《かんじょうぎんみ》役という高位の官職に就任します。この官職は地方の行政官が到達し得る最高のポストでしたが、彼はさらにその上位の勘定奉行任命を目前にして、五五歳で病死しました。

その死と共に「韮山塾」も消滅しましたが、後継者の英敏（一八三九―六三）が江戸に「江川太郎左衛門大小砲修練場」を開設し、江川の洋式砲術は伝承されていきました。この修練場は一八六六（慶応二）年に廃止されるまでの約一〇年間、全国各地から多くの若者を集めました。江川門下は後に明治新政府の要人になる木戸孝允（桂小五郎）、黒田清隆（第二代総理大臣）、大山巖（陸軍大臣）らをはじめ、およそ四〇〇〇名にのぼるとされます。

ところで、ペリー来航をきっかけに加速した幕府の事業は、品川沖の台場のほかにもう一つありました。大砲をつくるための反射炉の建造です。当時、大砲は輸入品で、青銅製だったため極めて高価でした。国産でしかも大量生産できる〝鉄〟の大砲の製造が急務とされていたのです。

幕府は湯島（江戸）に「湯島馬場大筒鋳立場」という大砲の製造工場をつくっていましたが、江川は反射炉による大砲鋳造の必要性を考えていました。

反射炉は銑《せん》鉄を溶かして炭素などの不純物を減少させ、鍛《たん》鉄をつくり出すための炉です。熱や炎をドーム型の天井で反射させて鉄の溶解温度（一五〇〇度）を出すように工夫されていたことから、その名が付けられました。

江川はオランダの原書をもとに、反射炉研究を進めていました。日本初の反射炉は江川の協力で佐賀藩がつくり、自前で〝三六ポンドカノン砲〟と呼ばれた鉄製の大砲を鋳造しています。

彼は、反射炉を韮山でつくる構想を抱いていました。反射炉は土を固めて素焼きにした耐火レンガを用いて築造するのですが、これにふさわしい土を、領内の天城《あまぎ》山中に見出すことができたのです。そこで幕府の許可を得て、構想実現へ向けた一歩を踏み出しました…。

一八五四（安政元）年六月、中村（現・伊豆の国市鳴滝）で反射炉が起工。同年十一月に安政の大地震が起きましたが、反射炉に異常は生じませんでした。その二か月後、江川は江戸屋敷で亡くなったため、彼は完成した反射炉も、そこで製造した鉄製大砲も目にすることはできなかったのです。

■世界文化遺産「韮山反射炉」

江川英龍の遺志を受け継いだ第三十七代当主・英敏は、幕府を通じて佐賀藩に協力を求め、工事を続行しました。一八五七（安政四）年、佐賀藩から二名の技師と職人たちが韮山へやって来て試鋳が始まりました。同年九月、最初の〝一八ポンドカノン砲〟の鋳込みに着手し、翌年三月、試射に成功しています。

反射炉は二基つくられ、約七年間にわたって数多くの大砲が鋳造されました。そのうちの二十八門は、沼津港（静岡県）から伊豆半島の南端を迂《う》回して品川の台場に到る各所に配備されました。「国産の大砲で海防を図る」との江川英龍の〝志〟は、子供たちに引き継がれたのです。その間の一八六二（文久二）年、英敏が若くして亡くなり、第三十八代当主を継いだのが一〇歳の弟・英武（一八五三―一九三三）でした。

一八六四（元治元）年、幕府はこの反射炉の閉鎖を決定、陸軍奉行・小栗上野介《こうずけのすけ》（後述）の管理下になりました。小栗もまた、江川門下の一人でした。その二年後、反射炉は幕府直営から江川家私営に移管されました。明治維新の二年前のことです。

韮山代官の英武は、明治新政府樹立後に戊辰《ぼしん》戦争（一八六八年）が起きると政府に恭順の意を示し、韮山県令に任命されました。のち海軍省に所属し、岩倉使節団の一員として米国に派遣され兵学校に入学。帰国命令を受けたのを機に海軍を辞し、自費留学という形で米国に残り工学を修めたのです。帰国後は内務省や大蔵省の役人となるも、活躍の場を与えられず一八八六（明治十九）年、郷里の韮山に帰還。教育者として後進の育成に励む一方、父・英龍の業績や伝記、中世以来から江川家に伝えられてきた膨大な資料をまとめる作業に没頭しました。

戦後、国立史料館が江川家文書の体系的調査に乗り出し、二〇〇二（平成十四）年から文化庁の指導の下、伊豆の国市の協力を得て静岡県が主体的に江川文庫の総合調査を実施、十一年にわたる調査の結果、約七万点の資料目録が完成し、うち約四万点が国の重要文化財に指定。また、国指定重要文化財の「江川家住宅」、国指定史跡「韮山役所跡」に関わる資料の維持管理及び公開を主な目的とする公益財団法人江川文庫が設立されています。

しかし、英龍が国のため私費を投じて行った事業は、幕末の幕府、さらに明治政府によって中断をよぎなくされました。

明治政府は反射炉を陸軍省に移管し、やがて立ち入り厳禁としました。その厳戒ぶりは、周囲にスナイドル銃二一九挺の銃剣柵をめぐらすほどでした。

一九二二（大正十一）年、韮山の反射炉は国の史跡に指定され、内務省に移管。実際に稼働した反射炉で、当時の姿が完全な形でのこっているのは韮山だけです。

韮山反射炉
明治５年頃

写真／江川文庫提供

二〇一五（平成二十七）年七月、韮山反射炉は国内二十二の構成遺産と共に「明治日本の産業革命遺産」として、「世界文化遺産」に登録されました。これらの構成遺産については別掲（105p〜）していますので、参照してください。

韮山反射炉
国指定史跡・世界文化遺産

写真／伊豆の国市提供

肖像画／ウィキペディア

【人物誌—⑤】

近代化の橋渡し役

小栗《おぐり》 忠順《ただまさ》

文政十年～慶応四年
一八二七—一八六八

「幕末開明の人」と称される小栗忠順は、文武両道に抜きん出た旗本でした。小栗家は禄高二七〇〇石で、いわゆる〝お殿様〟。二九歳で家督を継いだ後、幕府内はたび重なる外国船の来航で攘夷論が主流になっていました。しかし、彼は海外との貿易を求めるべきとの開国論者で、それが大老・井伊直弼の目に止まり、米国との通商条約交渉の際に使節団の一員に抜擢されて渡米（一八六〇年）しています。

米国で小栗を驚かせたのは、金と銀の貨幣交換比率が日本と全く違うことでした。当時、日本の金貨（小判）と銀貨の比価は一対六、それに対し欧米は一対十五。これでは、外国と貿易をすれば日本の金はますます海外へ流出してしまう…そう思った彼は、日米の通貨交換比率を決める交渉の場で、日本の不利にならないように貨幣に含まれる重量の定量分析をして交換比率を求めることを主張したのです。

その交渉の様子を報じた米国の新聞は「（米国側の説得に対し）彼はどんなに時間がかかっても結構と言って動かなかった」とし、さらに米国の接待役の海軍士官は「彼は確かに一行中もっとも敏腕、もっとも実際的な人物であった。（中略）少しばかりの疱瘡のある彼の顔は知力と聡明さとで輝いていた」と日記に記しています。

米国で得た横須賀製鉄所構想

帰国後、小栗は三六歳で幕府の財政を一手に扱う勘定《かんじょう》奉行に任命され、あわせて上野介《こうずけのすけ》の官名を与えられました。しかし、「またも辞めたか、小栗殿」と庶民からはやし立てられるほど、幕府内で任免が繰り返され、亡くなるまでの七年間で実に十数回に及んでいます。勘定奉行四回をはじめ外国奉行、江戸町奉行、歩兵奉行、海軍奉行並、陸軍奉行並などの要職を渡り歩いたのは、生れ持った直言癖が災いしたことを差し引いても、やはり動乱期の適材として必要とされたからに他なりません。

小栗は、とかく保守的な幕臣の中で異彩を放っていました。誰よりもいち早く世界回遊の船旅をした武士として、興味を引く存在だったのです。その行程は、ハワイ経由でサンフランシスコに着き、パナマ西岸で下船、鉄道で大西洋側に出て、再び船でポトマック川をさかのぼってワシントン着。外交交渉を終えた後、フィラデルフィア、ニューヨークを回って、そこから船で海路を西回りに喜望峰（アフリカ）を経て帰国。実に九か月に渡る旅でした。

使節団の武士たちが外国の文明の凄さに圧倒されただけだったのに対し、小栗は持ち前の合理的な思考をフルに働かせ、その本質を見極めようとしていました。ワシントンの海軍造船所を見学した時、彼は〝黒船〟がつくられる工程をつぶさに観察し、特に高度な製鉄技術に括目《かつもく》したのです。そして、滞米中に鉄製の工具類を買い求めました。この時、彼の脳裏にあったのは、日本独自の製鉄所の構想でした。

それは、横須賀で実現しました。一八六五（慶応元）年、横須賀製鉄所の建設工事が開始され、四年後に完成。小栗は製鉄所の首長にフランス人のレオンス・ヴェルニーを任命し、幕府始まって以来の外国人の採用ということで物議をかもしました。加えて建設費用が四年間で二四〇万ドルもの巨額だったため、幕府内には反対論者もたくさんいました。そうした障害を乗り越えて製鉄所が完成に至ったのは、小栗の行動力が迅速で、反対派が気付いた時は計画がどんどん進んでいたからと言われます。ヴェルニーは製鉄所の経営に洋式簿記を取り入れ、雇用規則や月給制など経営学や人事労務管理の基礎を導入しました。

のちに明治新政府が富岡製糸場をはじめとする官営模範工場を設立した際のレールは、すでに幕末に小栗上野介が敷いていたのです。その意味で、明治維新によって日本の近代化が進んだのは確かですが、実はその流れは幕府内にすでに内包されていたことを考えあわせるべきでしょう。司馬遼太郎が小栗を「明治国家誕生の父たちの一人」と記したように、彼の存在なくして日本の近代化は成し得なかったのです。

横須賀製鉄所はその後、造船所にするために施設の拡張工事が進められましたが、王政復古で幕府が消滅したため、明治新政府が外国の銀行からの貸付で旧幕府の債務を返済する形で接収。一九〇三（明治三十六）年に横須賀海軍工廠《しょう》となり、多くの軍艦を建造しました。

小栗はまた、製鉄所建設に当って原料になる鉄鉱石の採掘施設の建設計画も進め、検分のために武田斐《あや》三郎らを派遣。ちなみに武田は佐久間象山の門下で、一八六八（明治元）年に松代藩が文武学校に兵制士官学校を設立する際に責任者として招かれています。前述したように、象山は短期間ながら江川英龍の「韮山《にらやま》塾」に入門しましたが、小栗もまた江戸にあった江川の私塾の塾生として洋式砲術を学んでいます。

一八六六（慶応三）年十月、幕府が朝廷に大政奉還をし、翌年一月に江戸城で開かれた評議で小栗は徹底抗戦を主張しました。幕府の陸・海軍の戦力を把握していたからです。

しかし将軍・慶喜は恭順の意を表明し、官軍に江戸城を明け渡すことで決着が付きました。小栗は江戸から追われるようにして、上州・権田村（群馬県）に逃れました。そこで村の子弟を教育するための学校建設などを進めていた矢先、官軍に逮捕されて斬首。近代化の橋渡し役になった〝お殿様〟は、四一年の生涯を無残な最期で閉じたのです。末期の言葉は、「お静かに…」の一言だったそうです。

小栗の死には後日談があります。明治日本の運命を決した日本海海戦（一九〇五年）でロシア海軍のバルチック艦隊を打ち破って勝利した東郷平八郎（元帥）が、小栗の遺族を自宅に招き「このたびの海戦で勝利をおさめられたのは、小栗殿が横須賀に造船所を構想しておいてくれたおかげです」と、その先見力と実行力を称え、謝意を述べたそうです。

のちに横須賀のヴェルニー公園に建立された小栗上野介の銅像は、現在も眼下に旧横須賀造船所の跡地を遠望して立っていますが、そこは在日米軍の管理のもと、立ち入り禁止になっています。

日本初の株式会社設立

小栗が幕閣にいた頃の部下の一人が、渋沢栄一（前述）でした。渋沢は「商法会所」という、今日でいう株式会社を創設しましたが、それ以前に小栗が大阪の豪商二十名に出資させてつくった「兵庫商社」こそが日本初の株式会社という説もあります。

この商社は、一八六七（慶応三）年に兵庫開港に当って小栗が建議したもの。それより先に開港した横浜の場合、外国人商館のなすがままになって日本の富が流出したことを憂えた彼が、外国人に貿易を独占させないように日本人の資本と経営になる商社（コンペニー）をつくったのです。「兵庫商社」は資本金一〇〇万両で、事務所は大阪・中之島に置かれましたが、半年ほどのちに鳥羽伏見の戦い（一八六八年）が起きて事業は中断をよぎなくされました。

役人の俸給制度を切米から金に改めた、恩給法や森林保存法を制定した―、ガス燈の普及を図った―、新橋・横浜間に鉄道を開設する準備を進めた―、日本初の理工系学校や外国語学校を設立した―これらはいずれも、小栗上野介の事跡です。

そして何と彼は、近代的な国家制度にするために廃藩置県を断行しようとしていたのです。明治新政府が行った廃藩置県は、そもそも小栗のプランでした。一説では、勝海舟がライバルだった小栗のプランを西郷隆盛に漏《も》らしていたとも言われています。

【人物誌—⑥】

近代製鉄の祖

大島《おおしま》 高任《たかとう》

文政九年～明治三十四年
一八二六—一九〇一

写真／新日鐵住金釜石製鉄所提供

医師、蘭学者、砲術家、技術者…と、大島高任のキャリアは多彩です。その才が最も発揮されたのは、技術者としてでした。

陸奥国《むつの》（岩手県）盛岡の生れで、父・周意は南部藩主の侍医でした。オランダの蘭学を修めて医術に精通していた父は、病気治療のための薬を調合する一方、藩命で人を殺傷する火薬の研究も行っていました。

大島が一歳の時（一八二七年）、幕府が「異国船打払令」を出し、外交面での緊張が高まり、国内は騒然となっていたのです。

洋式高炉の技術移植に成功

奥州の田舎育ちの大島が、藩命で江戸留学に出たのが一七歳の時でした。蘭学塾「日新堂」で三年ほど学んだのち帰郷したのですが、再び留学を命じられて長崎に向かったのです。長崎では、兵法・砲術・鉱山・製錬など幅広い学問を身に付けています。この間、彼は手塚律蔵らとオランダ人の著書の翻訳をしています。これは大砲の製造工程の解説書で、鉱石から鉄をつくり、さらに大砲をつくるプロセスを説明していたため、各藩はこぞって参考にしました。

江戸時代、どの藩にも若い優秀な人材を官費で国内留学（大概は江戸）させる制度がありました。江戸には徳川家康によって奨励された儒学で身を立てる職業的知識人が集まっていて、それぞれ私塾を開いていました。そうした私塾で学ぶことが、留学の目的だったのです。

私塾では、身分や職業による差別がありませんでした。封建的社会において、いわば〝治外法権的な学習の場〟が存在し得たのは、驚くべきことです。現代の私たちは江戸時代の封建制度の象徴を「士農工商」としてとらえがちですが、実は、これらは身分の上下関係でなく、社会的な役割分担を表わす言葉に過ぎなかったというのが、今日では定説とされているようです。

ともあれ、大島は外国の軍事的脅威がつのりつつあるのを実感しながら、学問に励んだのです。彼は藩が期待をしているのは大砲、とりわけ洋式大砲の製造技術を学んで持ち帰ることだと自覚していました。

当時、はやっていたのが「堅船利砲」という言葉でした。これは、阿片《あへん》戦争（一八四〇―四二年）で英国に敗北した清国（中国）の教訓から生まれた四字熟語です。外国が攻めて来た時は、〝鉄製〟の堅固な船と大砲で応じなければ勝ち目はない、というわけです。そして大島は、「利砲」づくりを自らの〝使命〟としました。その心意気は、父譲りの医師名・周禎を〝総左衛門〟と改名したことにもうかがえます。

一八五〇（嘉永三）年、二四歳にして大和郡山藩（奈良県）や熊取藩（兵庫県）の依頼で、大砲を鋳造。翌年、南部藩御鉄砲方という官職に就きました。

その後、三度目の留学を命じられて江戸に行き、「象先堂」に入門して兵法・砲術を学んだのです。この私塾を開いていた伊藤玄朴《げんぼく》はシーボルトにオランダ医学を学び〝近代医学の祖〟と言われる人物で、シーボルト事件では幸い連座を免れています。玄朴は、蘭学者にして砲術に通じていて、大島は「象先堂」で学問の仕上げをしたのでした。大島に大きなチャンスが巡って来たのは、三一歳の時でした。

徳川御三家の一つの水戸藩（茨城県）から、反射炉造営の依頼を受けたのです。水戸は幕末の攘夷運動の発信源で、外国に対しては一貫して強硬姿勢を取り続けていました。反射炉の計画はその一環で、外国船を撃破できる大砲の製造が目的でした。

この頃、同じ目的で先行して反射炉造営を進めていたのが、佐賀藩（佐賀県）と長州・萩藩（山口県）、それに伊豆・韮山《にらやま》代官の江川英龍（82ｐ参照）でした。中でも佐賀藩は、長崎港防衛の幕命を受けた藩主・鍋島直正が督励し、最も早く洋式大砲を完成させるのではないかと噂されていました。事実、大島が初めて大砲を鋳造した年（一八五〇年）には反射炉が二基造営済みで、さらに二基をつくる計画が進んでいたのです。

しかし、佐賀藩がつくった大砲は試射をするとすべてが破裂し、実用に耐えるまでには至っていませんでした。水戸藩は、鍋島藩の失敗を承知の上で、大島に反射炉造営をさせようとしたのです。水戸藩は大島の派遣を南部藩に依頼し、彼は水戸に赴くことになりました。この時、水戸藩は三〇〇両の移籍料を提示して引き抜きを図ったのですが、大島は南部藩に対する〝義〟を理由に断っています。つまり、〝技術は売っても魂までは売らない〟という矜持《きょうじ》です。

一八五四（嘉永五）年八月に着工した反射炉は、翌年十一月に完成。この年、改元が行われて安政となりましたが、ペリーの二度目の来航、大地震などで江戸市内も水戸藩内も〝安政〟どころではありませんでした。

しかし、大島が造営中の反射炉は安政の大地震でも倒壊することなく、完成を迎えました。一八五六（安政三）年二月、鉄を溶かす作業が始まり、三月に反射炉内で鉄が完全に溶けたのを確認できたのです。

彼の技術力の確かさは、反射炉を造営一回目で完成させたことが物語っています。各地の砲術家が挑んだ反射炉造営は、ことごとく失敗に終わっていました。日本の近代製鉄の歴史は、大島高任によって第一歩を踏み出したのです。

銑鉄生産の革新

反射炉の成功を喜ぶ間もなく、大島は次のステップに取り掛かりました。反射炉がどんなに高性能でも、そこに入れる銑《せん》鉄の質が悪ければ、良質の鍛鉄が得られないのは自明です。そこで彼は、良質の銑鉄をつくる必要性を痛感していたのでした。

それまで水戸の反射炉で使用していたのは出雲銑鉄や南部砂鉄でしたが、大砲をつくるには質的な難がありました。大島は、磁鉄鉱から取り出した銑鉄が堅固な大砲をつくることを熟知していたのです。

〝たたら製鉄〟と呼ばれる日本古来の製鉄法は、奈良時代に中国からもたらされた製鉄技術を応用したもので、農具や刀など鋭利な製品をつくるのには適していましたが、とても手間暇がかかり、大砲の量産には向いていません。

大島は長崎留学時代に、外国の著作の翻訳を通じて高炉（熔鉱炉）と、そこで必要とされる良質な銑鉄の存在を学んでいました。高炉は、鉱石から鉄を精製する上で有利でした。ところで、鉱石などから金属を抽出することを〝冶《や》金〟と言いますが、大島が外国の本から学んだ当時、すでに三〇〇年前に確立していた技術だったのです。高炉に関する知識は一部の学者や砲術家だけが持っていて、大半は古来の〝たたら製鉄〟しか知りませんでした。

大島は、高炉の造営に挑むことにしました。実は、そこで製錬する良質の磁鉄鉱は郷里の南部藩・甲子《かっし》大橋（現・釜石市）に大量に存在していたのです。一八五八（安政四）年、彼は大橋に洋式高炉を造営し、商用高炉としては国内初の鉄鉱石製錬による連続出銑操業に成功。その後、彼の指導で藩内に十基の高炉がつくられました。

やがて大島は帰藩して、「日新堂」という塾を創設して蘭学・英語・医学・物理・化学・兵術・砲術などを教えました。その名称は、江戸留学時代に世話になった塾にちなんでいます。

維新後の一八七一（明治四）年、大島は岩倉使節団に同行してヨーロッパの鉱山を視察。明治政府は釜石に国内初の官営製鉄所建設を計画していましたが、その方針をめぐってドイツ人技師と意見が対立し、大島の案は採用されませんでした。一八七五（明治八）年、彼は釜石を去り、官営製鉄所はその後に操業を開始するも三年ほどでとん挫しました。やがて民間による再建が進められ、釜石は国内有数の製鉄の町として発展を遂げたのです。

大島の指導のもとでつくられた釜石の橋野高炉は、現在はわずかに往時の形をとどめるのみですが、一九五七（昭和三十二）年に我が国の近代製鉄産業の曙の地を伝える文化遺産として国の文化財に指定され、「日本最古溶鉱炉記念碑」が建っています。二〇一五年には、世界遺産に登録された「明治日本の産業革命遺産」の構成遺産の一つになりました（107p参照）。彼が行った銑鉄生産の技術革新は、日本の産業の近代化を大きく前進させたのです。

さらに、「冶金技術の先駆者」とも言われた大島の足跡は北海道にまで及び、火薬による採掘が試みられました。また、金・銀・銅の精錬にも画期的な成果を収めています。

鉱山技術者の養成のための坑師学校や工学寮（現・東大工学部）の設置を政府に進言し、自らも創設に携わりました。一八九〇（明治二十三）年、推されて日本鉱業会の初代会長に就任。「日本近代製鉄業の父」と称されました。

§近代の産業革命

明治初期の日本において近代産業の育成は、重要な国策でした。そして急速な機械化の促進によって、新政府樹立からほぼ二〇年を経て「産業革命」を迎えることになったのです。

我が国の主要な輸出産業となった紡績・製糸業は、大工場を続々と建設しました。鉄鋼業では、日清戦争（一八九四～九五年）の賠償金を財源の一つとして官営八幡製鉄所（福岡県）が操業（一九〇一年）しました。鉱業では、政府によって北海道や九州の炭田、足尾銅山（栃木県）や釜石鉱山（岩手県）の開発が進められました。

一方、こうした産業の発展や人口増加は交通機関の発達をもたらしました。その象徴が〝鉄道〟です。一八七二（明治五）年に品川・横浜間で仮運転を開始した鉄道は、一八八九（同二二）年に東京・神戸を結ぶ現在の東海道本線が全通。また、民営鉄道も官営を上回って路線を拡大させ、明治三〇年代前半には国内の主要幹線がほぼ完成していたのです。

ところで産業革命は、十八世紀後半に英国で興りました。機械工業の発展で伝統的な手工業が衰退し、手工業者は工場労働者として吸収される一方、地方の農民たちも工場労働者として都市部に流入するといった現象が起きました。我が国では、英国より一世紀余り遅れて産業革命が到来しました。

産業革命には三段階あり、以下のように定義されています。

第一次産業革命…英国での自動織機、蒸気機関などの開発による工業化の進展。

燃料は主に石炭。

第二次産業革命…重工業の発展。電力を使った労働集約型の大量生産方式の導入。

燃料は主に石油・ガス。

第三次産業革命…電子技術の導入による生産工程の自動化。

そして二十一世紀の今、新たな産業革命の時代を迎えています。それは、インターネットによる生産・供給システムの自動化で、〝スマート工場〟とも呼ばれます。また、燃料も石油・ガスからバイオマスへの移行が始まっています。

まさに、「明治は遠くなりにけり」です。

■明治日本の産業革命遺産ガイド

二〇一五年七月、国内では十九番目の世界遺産となる「明治日本の産業革命遺産」の登録が決定しました。

八県（北から岩手県、静岡県、山口県、福岡県、佐賀県、長崎県、熊本県、鹿児島県）に分散して立地する二十三資産は、複数の連続性のある遺産「シリアル・ノミネーション」としては国内初の事例です。

それぞれは、主に造船・製鉄・石炭産業といった重工業分野において、明治時代を端緒とする日本の産業革命に貢献した遺跡群（一部、稼働中の工場を含む）です。

これらの遺跡群は、当時の人々の国づくりへの〝志〟がいかに高く大きかったかを物語っている、といっても過言ではありません。

明治日本の産業革命遺産の位置図

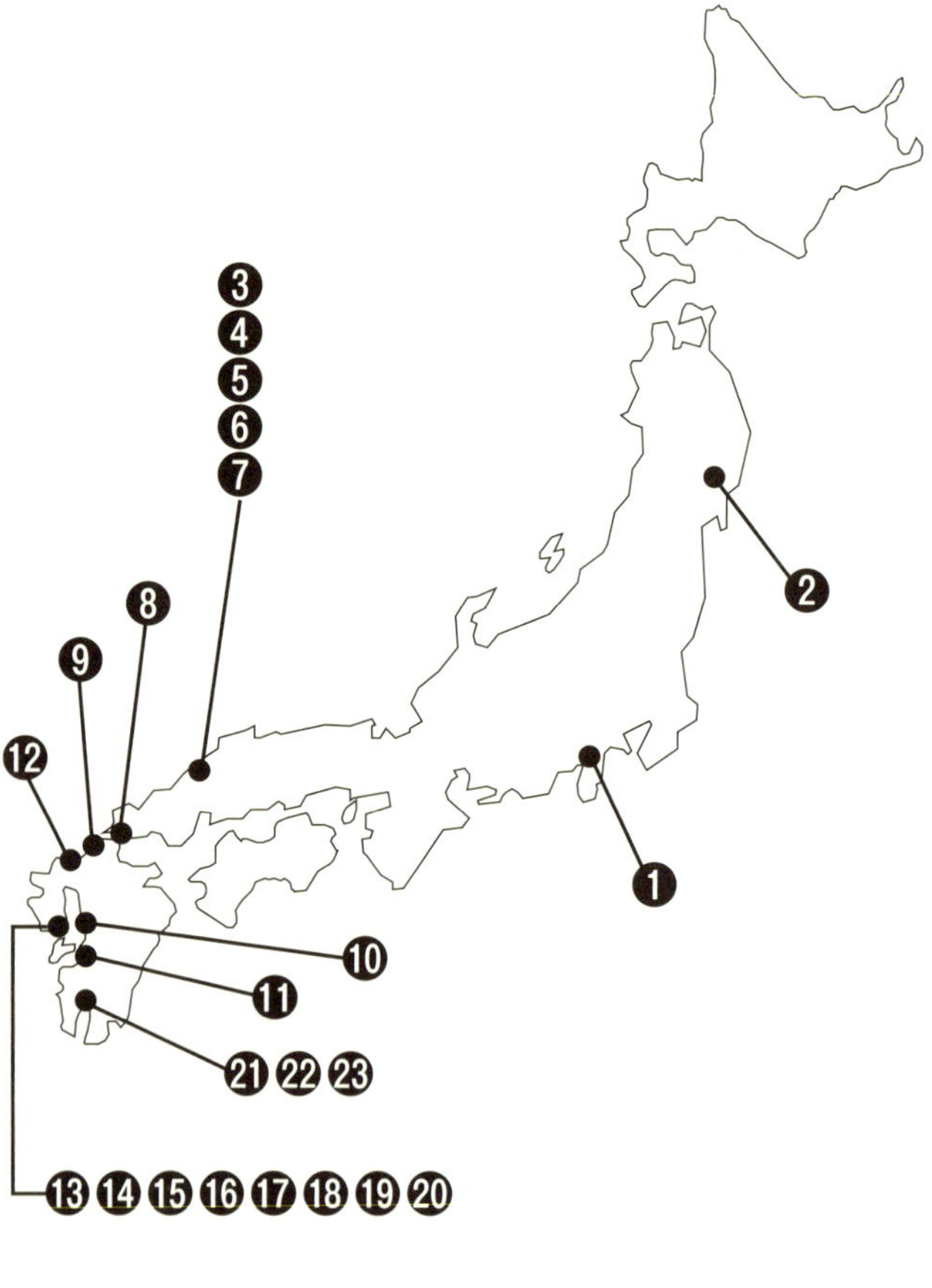

❶〜㉓の遺産の概要は以下のページを参照してください。

明治日本の産業革命遺産

製鉄・製鋼 ❶
静岡県 韮山《にらやま》反射炉

■大砲鋳造の実用炉として唯一現存

欧米列強国に対抗すべく韮山代官・江川英龍（76p参照）らの主導で、幕府直営で建造された鉄製大砲鋳造のための反射炉。完成は一八五七（安政四）年。

国内には萩（山口県）にも反射炉が現存しますが（後記）、実用炉としては韮山が唯一形をとどめています。付属機械は明治期に陸軍に引き渡されたため、耐火レンガ製の反射炉本体（二基）のみが現存しています。

・所在地／静岡県伊豆の国市

製鉄・製鋼 ❷
岩手県 橋野《はしの》鉄鉱山

■近代製鉄の発祥の地

盛岡藩士・大島高任（95p参照）が反射炉に良質な銑鉄を供給するために、鉄鉱石を用いた銑鉄を行う洋式高炉を大橋に建造し、一八五八（安政五）年、国内初の連続出銑に成功。やがて盛岡藩が製鉄の本格化を目指して大島の指導のもと、橋野に三基の洋式高炉を建造し、これらは一八九四（明治二十七）年まで創業し、その後は鉄鉱石の採掘が継続されました。製鉄工程全体の遺構がのこっています。

・所在地／岩手県釜石市

製鉄・製鋼……3

山口県 萩《はぎ》反射炉

■海防力強化のなごり

幕末に列強四か国との間で砲撃戦（一八六三、六四年）が起きた長州藩では、海防力強化のための鉄製大砲製造にいち早く着手。オランダの技術書をもとに先行して反射炉の建造を進めていた佐賀藩から技術導入をして自前の炉を萩に建造し、一八五六（安政三）年に操業を始めましたが、規模が小さいことなどから実験炉だったのではないかと推測されています。一〇・五メートルの煙突部分の遺構です。

・所在地／山口県萩市

製鉄・製鋼……4

山口県 大板山《おおいた》たたら製鉄遺跡

■江戸中期から後期に操業

たたら製鉄は日本在来の鉄の製法で、大板山は長州藩の鉄の需要を担う重要拠点の一つでした。幕末には洋式軍艦の製造に不可欠の鉄の供給を行いました。

一八五六（安政三）年に建造された丙辰丸の鉄製の船釘は、ここでつくられました。炉、天秤ふいごなどの遺構が発掘されています。

・所在地／山口県萩市

明治日本の産業革命遺産

造船……5

山口県　恵美須《えびす》ヶ鼻《はな》造船所跡

■大型の洋式軍艦を製造

幕末の黒船来航の危機感から幕府が大船製造を解禁したのを受けて、長州藩が整備した造船所。一八五六（安政三）年に完成し、丙辰丸を建造（進水は五七年）しました。

翌年、いったん閉鎖された後、再び整備が進められ、庚申丸を建造（進水は一八六〇年）。

前期にはロシア式、後期にはオランダ式の技術が導入されました。

・所在地／山口県萩市

建築物群・景観……6

山口県　萩《はぎ》城下町

■長州藩の藩都として発展

一六〇四（慶長九）年、西国の有力大名・毛利家の戸城として指月山につくられた萩城の麓に形成された城下町。

武家屋敷や商家が連なる町並みは、国の史跡に指定、重臣の屋敷が立ち並ぶ堀内地区は国の重要伝統的建造物群保存地区に選定されています。

・所在地／山口県萩市

建築……⑦

山口県 松下村塾《しょうかそん》

■維新の志士を輩出

長州藩校・明倫館の師範を務めた藩士・吉田松陰が実家敷地に開いた私塾。松陰が刑死するまでの三年弱の間に指導した塾生に中から幕末から明治維新にかけての日本の近代化・産業化に貢献する人材を多数輩出しました。

市内観光コースの一つになっていますが、室内への立ち入りは禁止。

・所在地／山口県萩市

製鉄・製鋼……⑧

福岡県 官営八幡《やわた》製鐵所

■北九州工業地帯の主要拠点

明治中期に急増した鉄鋼需要を補うため、筑豊炭田に隣接する好立地が有利に働き、誘致に成功。一九〇一（明治三十四）年、東田第一高炉に火入れが行われ稼働が始まりました。

一時、休止せざるを得ない事態に立ち至りましたが、一九〇四（同三十七）年から本格稼働を再開。現在も業務を行っているため、旧本事務所と二つの工場は立ち入り禁止になっています。

・所在地／福岡県北九州市

建築……9

福岡県　遠賀川《おんががわ》水源地ポンプ室

■英国式のレンガ積みの施設

鉄鋼生産に必要な工業用水を遠賀川上流から取水して八幡製鐵所に送水する施設として、一九一〇（明治四十三）年に建設されました。

操業開始時は蒸気ポンプとボイラーが使用されました（現在は電気ポンプ）。ボイラー室・ポンプ室の建屋と沈砂池が現存し、現在も使用中のため、外観の見学は可能です。

・所在地／福岡県中間市

石炭産業……10

福岡県　三池炭鉱、三池港

■一二四年の歴史刻む

三池炭鉱は宮原坑、万田坑、専用鉄道敷跡を構成遺産としています。操業開始は一八七三（明治六）年で、八九（同二十二）年に三井へ移管、一九九七（平成九）年に閉山。

三池港は三池炭鉱で産出された石炭を大型船で運搬するために建設された港で、一九〇八（明治四十一）年に竣工。港は現在も重要港湾として使用されています。

・所在地／福岡県大牟田市、熊本県荒尾市

石炭産業・建築・景観……⑪

熊本県 三角西(旧)港

■明治の港湾で唯一、完全な状態で現存

明治政府が産業開発とあわせた港湾整備の一環として建設した港で、一八八七(明治二十)年開港。オランダ人技師による設計で、石積みの埠頭、道路、排水路、石橋などがそのままのこっています。

景観は「三角浦の文化的景観」の名称で重要文化的景観に選定。なお、三池港整備以前の三池炭鉱への石炭積出し港としての歴史があります。

・所在地/熊本県宇城市

佐賀県 三重津《みえつ》海軍所跡

■日本最古のドライドック

佐賀藩海軍の訓練場・造船所で、国内最古の乾船渠(ドライドック)の遺構がのこっています。

一八五八(安政五)年、佐賀藩は三重津の舟屋を拡張して海軍の訓練場とし、のちに乾船渠を増設して造船や修理の場としました。

一八六五(慶応元)年に日本初の実用蒸気船・凌風丸を建造。

・所在地/佐賀県佐賀市

明治日本の産業革命遺産

造船・建築……⑬

長崎県　小菅《こすげ》修船場跡

■近代造船最古の遺構

一八六九（明治二）年に落成した国内初の蒸気機関を用いた洋式ドック。通称コンニャクレンガと呼ばれる扁平なレンガを用いた曳上げ小屋は、我が国初のレンガ造り建築です。

グラバー（後記）らによって設立され、明治政府が買収、のち三菱に移管、現在は三菱重工業長崎造船所が管理をしています。

・所在地／長崎県長崎市

造船……⑭

長崎県　三菱長崎造船所第三船渠《せんきょ》

■現在も稼働中の大型ドック

一九〇五（明治三十八）年に竣工した全長約二二二メートル・建造能力三万トンの東洋最大規模のドック（竣工当時）。

長崎造船所では明治時代に三つのドックが開設されましたが、第三船渠（ドック）のみが現存しています。ドックはのちに全長約二七六メートル・建造能力九・五万トンに増強されました。見学は不可。

・所在地／長崎県長崎市

造船 ⑮

長崎県　長崎造船所

ジャイアント・カンチレバークレーン

■日本初の大型クレーン

英国アップルビー社製の電動大型クレーンで、吊り上げ能力は一五〇トン。一九〇九（明治四十二）年に竣工し、六一（昭和三十六）年に工場拡張のために移設されましたが、現在も大型機械の搭載や陸揚げに使用されています。見学は不可。

・所在地／長崎県長崎市

建築 ⑯

長崎県　長崎造船所旧木型場

■資料館として見学可能

一八九八（明治三十一）年に竣工したレンガ造り二階建ての木型場で、明治三〇年代につくられた現存する木型場としては国内最大規模を誇ります。長崎造船所の現存する建物の中でも最古。

骨組みは木造クイーンポストトラス組みですが、増築された際（一九一五年）の増築部分は鉄骨造フィンクトラス組み。

・所在地／長崎県長崎市

明治日本の産業革命遺産

建築……⑰

長崎県　**長崎造船所占勝閣**

■風光景勝を占める館

一九〇四（明治三十七）年に落成した木造洋館です。設計は曽禰達蔵。

当時の長崎造船所所長・荘田平五郎の邸宅として建築されましたが、住宅としては使われず迎賓館となり、現在に至っています。見学は不可。

・所在地／長崎県長崎市

石炭産業……⑱

長崎県　**高島炭坑**

■近代炭坑開発の先駆け

一八六八（明治元）年、日本初の蒸気機関を用いて開削された竪坑。この坑は翌年に海底炭田に着炭して北渓井坑と命名され、七六（同九）年まで採掘されました。

蒸気機関の動力は巻揚機や排水ポンプなどに使用され、その技術は筑豊炭鉱や三池炭鉱に伝えられました。当初は佐賀藩とグラバー商会の共同経営で、のちに三菱に移管され、八六（同十九）年に閉山。

・所在地／長崎県長崎市

石炭産業

長崎県　端島《はしま》炭坑　⑲

■施設内見学ができる軍艦島

一八七〇（明治三）年に石炭の採掘が始まり、九〇（同二十三）年に三菱の所有となった炭鉱の島です。

明治末期には八幡製鉄所向けの原料炭の生産地でしたが、炭鉱開発と共に埋立てにより拡張され、一九一六（大正五）年以降は多くの鉄筋コンクリート造の高層住宅が建設されました。一九七四（昭和四十九）年、閉山。地下を含め多くの生産施設や護岸遺構がのこっています。

・所在地／長崎県長崎市

建築

長崎県　旧グラバー住宅　⑳

■日本最古の木造洋風建築

近代技術の導入を通じて我が国の近代化に尽力した、スコットランド出身のトーマス・グラバーの邸宅。

主屋は一八六三（文久三）年の建築で、英国のコロニアル洋式と日本の伝統建築技法が融合した形になっています。主屋と付属屋の二棟が国の重要文化財に指定。一九七四（昭和四十九）年から観光施設グラバー園として一般公開されています。

・所在地／長崎県長崎市

明治日本の産業革命遺産

製鉄・造船……㉑

鹿児島県　旧集成館

■軍事強化と産業育成の大事業

欧米列強に対抗すべく、薩摩藩が一八五一（嘉永四）年から工場の集積を図った「集成館事業」。

旧集成館反射炉跡、旧集成館機械工場、旧鹿児島紡績所技師館を構成遺産としています。薩英戦争（一八六三年）や西南戦争（一八七七年）では被害を受け、その度再興が図られましたが、一九一五（大正四）年に廃止。

・所在地／鹿児島県鹿児島市

建造物……㉒

鹿児島県　寺山炭窯《たんよう》跡

■木炭製造用の石積み窯跡

一八五八（安政五）年、薩摩藩主・島津斉彬の命で集成館事業に必要な大量の燃料の補給を目的として建設されました。

国の史跡に指定されていますが、これは旧集成館の附属としての指定です。

・所在地／鹿児島県鹿児島市

建造物 ……… 23

鹿児島県 関吉《せきよし》の疎《そ》水溝

■灌漑用水として一部を使用中

一八五二（嘉永五）年に建設された集成館事業の水車動力用水路の跡です。往時は稲荷川から取水し、集成館まで送水していました。

現在は一部が灌漑用水として利用されていて、取水口や集成館内の水路などが現存しています。

・所在地／鹿児島県鹿児島市

第四部

エレクトロニクスの曙

明治の近代化は、ある日突然、実現したのではありません。その土壌は、すでに江戸時代にでき上っていました。「文明開化」や「殖産興業」は、いわば江戸時代の土壌の上に咲いた花のようなものです。

江戸時代の日本は、武士だけでなく庶民層に至るまで基礎教育が行き届き、世界有数の教育普及国でした。教育の基本は「読み、書き、そろばん」で、文字の読み書き能力と初歩的な数学が主体でした。

ことに数学に関しては、西洋数学の移入よりもはるかに早く「和算」という日本独自の数学があり、生活に密着した学問として、あるいは趣味として庶民の間にも定着していたのです。

江戸時代前期に日本を訪れた宣教師が、本国に送った手紙にこう書きました。

「日本人は非常に理《ことわり》を解する。したがって彼らを改宗させるには、科学を教えられる優秀な人材を派遣してください。」

現代の日本人はとかく「〝理系〟に弱い」とされがちですが、江戸時代の人々は私たちの想像以上に、物事を合理的に考える人々が多かったようです。

【人物誌―⑦】

〝東洋のエジソン〟と呼ばれた偉才

田中《たなか》 久重《ひさしげ》

寛政十一年〜明治十四年

一七九九―一八八一

肖像画／東芝未来科学館提供

江戸末期から明治にかけての〝理系の人〟と言うと、まず名前があがるのが田中久重でしょう。彼は、日本の近代の幕開けの時代に、新しいモノづくりにチャレンジし続けた発明家であり、技術者でした。

田中は築後国《ちくごの》久留米（福岡県）のべっこう細工師・田中弥右衛門の長男として生れました。べっこう細工は精緻《せいち》な金属細工をほどこす工芸で、その様子を見ながら幼少期を過ごしたことが、長じて発明創造に生涯を捧げる下地になりました。

実は、すでに彼は八歳にして、その片鱗《へんりん》をのぞかせていたのです。

それは一八〇七（文化四）年のことで、田中がつくったのは「開かずの硯箱《すずり》」。寺子屋の仲間は、見たところ何の変哲もない硯箱を誰一人として開けることができず、彼は一人ほくそ笑みました。この時の快感、そして驚く仲間たちの姿が、発明への意欲をかき立てたのです。

〝からくり儀右衛門〟

田中が生れ育った幕末期に、庶民の娯楽として人気を集めていたのが、興行師が操る見世物の〝からくり人形〟でした。からくりの技術は、外国の時計が輸入されるようになって飛躍的に向上しました。

その仕組みを解説した『機巧図彙《からくりずい》』は、〝からくり半蔵〟こと細川半蔵（？―一七九六）によって著された日本初の機械工学書と言われます。全三巻で、首巻に〝からくり時計〟、上巻と下巻に〝からくり人形〟の仕組みを図入りで示しています。この本が発刊されたのは一七九六（寛政八）年で、著者は発刊後ほどなく死去。死因は不明で、最先端技術を公開したことを理由に死罪になったとの説もあります。

この本の序文に、「多くのものを見て、記憶すること。知識と経験が積み重なって、そこから新しいものが生まれる」「(この本の内容は)、見る人の心がけ次第では発見・発明の一助になるであろう」といった文言が記されています。

田中はこの本が発刊された時、一〇歳前後。二年ほど前に「開かずの硯」で発明の楽しみを知った彼は睡眠時間を惜しんで読書にふけったようです。そして家業を継ぐのを辞めて、序文の文言のごとく、その生涯を発見・発明に捧げたのでした。

二〇代には、からくり興行師として九州・大阪・京都・江戸へ出向き、水力や重力、空気圧などを利用した人形で観客を魅了。やがて、その名は全国に知られるようになりました。彼が発明した〝からくり人形〟の最高傑作が「弓曳《ひ》き童子」と「文字書き人形」で、一八二〇年代の作品とされます。

三五歳の一八三四(天保五)年、大阪船場に居を構え、折りたたみ式の「懐中燭台」や圧縮空気によって灯油を補給する灯明「無尽灯」などを考案し、〝からくり儀右衛門《ぎえもん》〟と呼ばれ人気を博しました。〝からくり儀右衛門〟の発明の集大成と言えるのが、「万年時計」(次ページの写真)。

万年時計
（複製）

写真／東芝未来科学館提供

当時「万年自鳴鐘《しょう》」と呼んでいたこの時計は、季節によって昼夜の時刻の長さが異なる日本の不定時法に対応して文字盤の間隔が全自動で動くなど、世界初のさまざまな仕掛けがほどこされています。毎日ゼンマイを巻かないと止まってしまう時計が当たり前だった時代に、一回巻くだけで一年間動き続けた「万年時計」は画期的な発明品でした。

これをつくるまでに田中は、京都の土御門家に入門して天文学を習得しました。そして、最も優れた職人に与えられる「近江大掾《おうみだいじょう》」の称号を得ています。一八五〇（嘉永三）年には革新的な和時計「須弥山儀《しゅみせんぎ》」をつくりました。さらに蘭学塾「自習堂」に入門して、西洋の技術を習得。その集大成が「万年時計」で、完成した時は五二歳になっていました。その翌年、彼には「日本第一細工師」の栄誉が与えられています。

まさに、一〇代に読んだ細川半蔵の『機巧図彙』の序文の「知識と経験が積み重なって、そこから新しいものが生まれる」という一文を、身でもって証明したのです。

「万年時計」は、時計の収集家だった松江藩主など数名の大名から譲ってほしいと懇願されましたが、彼は金儲けが目的でないと断り続けました。

しかし田中の発明は、ここで終わったわけではありません。むしろ彼の本領が発揮されたのは、五〇代半ば以降でした。

一八五三（嘉永六）年、佐賀藩の製煉方として採用されて佐賀に移住。藩主・鍋島直正（一八一四—七一）は〝蘭学狂〟と言われた革新的な殿様で、田中の発明の才を高く評価していました。佐賀藩でまず手掛けたのは、蒸気機関車と蒸気船の模型づくり。彼は前年（一八五二年）に、日本初となる動く蒸気船雛型を完成させていたのです。

その後、国産初の蒸気船「凌風丸」建造の中心者となりました。また、軍事用の反射炉の設計（改築）や大砲製造にも貢献しています。他に、船舶の交信用の電信機（エーセルテレカラフ）、写真機などの発明品もありました。

一八六四（元治元）年、郷里の久留米に工場をつくり、自ら所長となって一〇〇名ほどの工員を雇っていました。蒸気機関や旋盤を備えた工場では、藩陸軍の技術顧問を務めていたこともあって軍需品製造が主で、当時の先端兵器のアームストロング砲を完成させています。この工場は、一八七一（明治四）年七月の廃藩置県で閉鎖をよぎなくされました。

東芝の創業者

明治という新時代を迎えた田中は、人々の暮らしに役立つ発明に没頭するようになり、製氷機械、自転車、精米機、川の水を引き上げる昇水機などを開発しました。

そんな彼に、明治新政府から上京するようにとの要請があったのです。急速に拡大する通信事業の技術者として力を貸してほしい、とのことでした。

七三歳の田中は、新たな〝大志〟を抱いて上京。久留米時代の部下と共に寺の二階を借りて工場にし、電信機の開発に着手。ほどなく「ヘンリ電信機」を完成させました。これは輸入品とは精巧さで遜色がないばかりか、操作性で勝っていたため、政府からの注文が続々舞い込みました。彼の発明に対する思いは、工場名を「珍器製造所」としたことにもうかがえます。

一八七五（明治八）年、田中は赤レンガの洋館が建ち並ぶ東京の中心街・銀座に工場兼店舗を構え、「万般の機械考案の依頼に応ず」と書かれた看板が掲げられました。

掲げた看板に偽りはなく、田中は求められるがまま、興味のおもむくままに、電気計器、木綿糸取機、羅針盤など、さまざまの発明品を生み出しました。

一八七八（明治十一）年には、米国から輸入された電話機から推測し、独自に電話機をつくり出し、さらに日本全国に時報を伝える「時報器」を開発。これらの機器は、やがて到来するエレクトロニクス時代に先駆けて、田中が蒔いた大きな種でした。

永遠の発明少年、〝からくり儀右衛門〟こと田中久重は、一八八一（明治十四）年、満八二歳でその生涯を閉じました。

幕末から明治に至る動乱の時代にあって、常に時代の先端を見すえ、人々を楽しませる発明を追い続けた充実の人生でした。田中の遺志と事業は二代目久重となる弟子の田中大吉が受け継ぎ、亡くなった翌年、東京・芝浦に「田中製作所」を設立。

田中久重が銀座に構えた通信機工場は、現在の東芝の出発点であり、田中は創業者とされています。なお、明治以降の田中に関する記述は、東芝未来科学館の資料を参考にしたことを付言しておきます。

【人物誌―⑧】

情報化社会を予見

志《し》田《だ》 林《りん》三《ざぶ》郎《ろう》

安政二年～明治二十五年
一八五六―一八九二

写真／志田林三郎博士顕彰会提供

明治時代、電気学は物理学の一部、電気工学は土木工学の一部と位置付けられていました。一八八八（明治二十一）年、電気学会の第一回総会で「将来可能になるであろう十余のエレクトロニクス技術予測」の演説をしたのが、当時三二歳の学会創設者・志田林三郎その人でした。

彼の技術予測は、高度情報化時代の到来を予見したもので、一世紀以上を経た今日に符合する点が多々認められ、その卓越した〝先見の明〟に改めて明治人の素晴らしさを思わざるを得ません。しかし、彼はその四年後、三六歳の若さで亡くなりました。

志田については、早逝したために全国的にその名が知られているとは言えません。出身地の佐賀県佐久市に「志田林太郎博士顕彰会」があり、現在も志田の業績を語り継ぐ活動が続けられています。なお、以下の記述は主に『先見の人・志田林三郎の生涯』（信太克規著・ニューメディア刊・一九九三年）をもとにしていることを、まずお断りしておきます。

日本初の電気工学士

志田は、幼少の頃から神童として地元では有名でした。特に算学の能力がきわ立って優れていたと、伝えられています。そのため、庶民の子供ながら佐賀鍋島藩の藩校「弘道館」で学ぶことを特別に許されていました。

一八七二（明治五）年、一六歳の時に上京して工学寮（のちの工部大学校、東京大学工学部）に入学し、当時は珍しかった電信学を学びました。ちなみに、この年「学制」が発布され、我が国の教育体制が確立しています。

明治新政府は、西洋に追いつくべく学術、特に科学技術の分野において外国人を積極的に招聘《へい》（お雇い教師）しました。志田は工学寮で、英国人の物理学者エアトンと出会い、才能を大きく開花させました。エアトンはロンドン大学に学んだ後、物理学の大家ウイリアム・トムソン（ケルビン卿・一八二四―一九〇七）のもとで大西洋海底ケーブルの試験に従事。明治政府の招聘で一八七三（明治六）年から約五年間、工学寮電信科で教鞭をとり、我が国の電子工学の基礎を築きました。ちなみに、二五歳のエアトンの月給は、政府参議・伊藤博文と同額でした。

しかし、政府が最大級の待遇で招聘したお雇い外国人は、一部の例外を除けば期待以上の働きをしました。派遣先の国は、日本の近代化への〝志〟にこたえて優秀な人材を選んで送り出したのです。その意味で、費用対効果のバランスが取れていました。

一八七九（明治十二）年、工部大学校の第一回卒業式で志田は二十二名の首席、しかも日本初の電気工学士として卒業証書を授与されました。志田の卒業論文は「電信の歴史・電気電信の進歩に関する研究」と題する、二〇〇ページにも及ぶ英文手書きの論文でした。そこには、静電気や電池、電磁気や電気回路といった電気工学全般の解説と考察、さらに、さまざまな電信についての実験と考察が述べられていて、先見性が極めて高いと評価されています。

翌年、英国グラスゴー大学に官費留学をした彼はケルビン卿に直接教えを受けていますす。ケルビン卿はのちに志田を「私が出会った数ある教え子の中で最優秀の学生だった」と述懐していたそうです。

志田はグラスゴー大学在学中、その優秀さゆえに数々の賞を受け、一八八三（明治十六）年に帰国。逓信省技官として特に電信電話事業にたずさわると共に、東京帝国大学教授として研究と後進の教育指導に当りました。

一八八八（明治二十一）年、「学位令」による我が国初の博士（二十五名）が誕生。志田は他の四名と共に工学博士第一号になっています。翌年、三三歳で逓信省工務局長（初代）に就任しました。

いたからに他なりません。

電気学会を創設

志田が電気学会の創設を思い立ったのは、将来の電気工学の著しい発展を予見していたからに他なりません。

工学分野の学術団体は当時、工部学会（一八七九年創立）、日本鉱業会（一八八五年）が存在していました。しかし、志田の電気学会構想は、工部大学校出身者による工部学会から時期尚早と反発されたのです。そこで彼は工部大学校出身者や逓信省内の有志に呼びかけ、時の逓信大臣・榎本武揚を会長に担ぎ電気学会を設立させました。彼は、学会の創設に当って、米国・英国の学会を手本にしたと言われています。

冒頭に記したように、電気学会は一八八八（明治二十一）年に創設され、志田は幹事に就任。評議員の一人になったのが中野初子《はつね》（一八五九－一九一四）で、彼女は工部大学校で志田の後輩に当り、エアトンの指導のもとで日本初の電灯（アーク灯）をともした一人です。のちに東京帝国大学教授、電気学会会長になっています。

この頃、我が国の電気事業は当初の電気通信事業から電灯事業へと移行していました。

しかし、電気は危険と思われていた時代でもありました。その渦中で、志田は「将来可能になるであろう十余のエレクトロニクス技術予測」を語ったのです。『先見の人・志田林三郎の生涯』の著者・信太克規《しだかつのり》（工学博士）は、その予測の内容を次のように記述しています。

――それらを現代の言葉で表すと「高速多重通信」、「長距離無線通信」、「海外放送受信」、「長距離電力輸送」、「電気鉄道・電気船舶・電気飛行船」、「光利用通信」、「電気自動記録（録音・録画）」、「地電気や空気電気変動による地震予知や作物収穫予想」などとなる。

このうちの多くは既に実現し、現代の我々はその技術を享受している。あまりにも身近に接しているために、その技術の現代における貢献度をあまり評価しきれていない。ごく当りまえのものとなってしまっている。だが、林三郎の時代には、一般の人にとっては、まったく想像もつかないことであった。――

私事で恐縮ですが、電気学会には忘れ得ぬ思い出があります。一九六〇（昭和三十五）年に北海道大学で開催された電気四学会連合大会で、私が広瀬敬一教授の指導のもとでまとめた修士論文「直流機の電機子反作用に関する一考察」を発表したことです。

大学院（中央大学工学部）の指導教授が、「直流機の神様」と言われた広瀬先生だったことは、私にとって幸いでした。また当時、助教授だった大類《おおるい》浩先生には進路のことも含め家族も同然のお付き合いを、先生が亡くなるまで続けていただきました。

人生において〝出会い〟がいかに大事か、そして〝出会い〟を生かすためには自ら一歩踏み出すチャレンジ精神を持つことが大事ではないか、そこに人生の勝利と幸福が生まれると実感した次第です。以来、私はこのことを信条としてきました。

エピローグ

§和魂洋才

日本の地政学的特質は、島国であることと無縁ではありません。島国とは、言い換えれば海洋国ということです。古来、日本には海外からさまざまな〝人〟や〝文物〟が流入してきました。江戸時代の〝鎖国〟の一時期を除いて、海外との交流の窓口は常に、大きく開かれていたのです。

例えば、古代には大陸から多くの朝鮮民族が移住をして来て、日本の国家建設の礎となった技術をもたらしました。また、中国との交流を通じて、独自の文化を形成するに至りました。

■文明開化の〝明〟と〝暗〟

ときに日本人は視野の狭い〝島国根性〟の持ち主として揶揄《やゆ》されたり自嘲《じちょう》する風潮が見受けられますが、私は本来、開明的で知的好奇心が旺盛な民族ではないかと考えています。そうでなければ、日本という国はとうの昔に消滅していたに違いありません。

特に近代への幕を開いたターニングポイントが、明治維新でした。この引き金になったのが一八五三（嘉永六）年に米国軍艦四隻（いわゆる〝黒船〟）が来航して幕府に開国を迫ったことで、国内は開国派と攘夷派が対立して内戦状態になりました。結局、日本は開国することになり、一八六七（慶応三）年に徳川幕府が天皇に政権を返上する形で明治政府が樹立されました。

明治政府が掲げたスローガンが「殖産興業」と「富国強兵」でした。実は、この二つのスローガンは、日本が初めて世界を意識した国家になるうえで必然的にもたらされた〝明〟と〝暗〟の二面性をはらんでいました。

「殖産興業」は西洋文明を積極的に取り入れ、日本が欧米先進国並みの国になることをめざすという国家の意思表示です。その背景には、欧米人に対して日本人が〝野蛮でない〟と証明する必要がありました。当時の欧米先進国は、海外に植民地を求めて覇権を競っていました。明治政府が恐れたのは、日本が植民地化されることだったのです。そこで近代国家としての体裁を整えるための諸施策が講じられると共に、西洋の文化・風俗を導入する〝文明開化〟が積極的に推し進められました。

近代国家としての要件が〝憲法の制定〟にあるとするならば、『大日本帝国憲法』が制定された一八八九（明治二十二）年が明治維新の着地点と見ることができます。その間、わずか二〇年余りで、日本は欧米先進国に伍《ご》する国になったのです。この奇跡的な発展を可能にしたものこそ、古代から養ってきた日本人の知的好奇心ではなかったかと、私は考えます。

特にこの時代、その素地となったのが江戸期における武士の子弟を対象に〝儒学〟を学ばせた藩校、庶民の子供に〝読み、書き、そろばん〟を学ばせた寺子屋の存在でした。江戸時代を通じて寺子屋は五万もあったとされ、識字率は男性の七割に及ぶと言われたほどです。

この〝学び〟の伝統の上に明治政府は欧米先進国に追いつくべく、多くの外国人を積極的に受け入れる一方で、海外に留学生を派遣しました。欧米の先進技術や知識を伝えるために来日した外国人は、およそ二七〇〇人にのぼり、そのうちの五割強が政府雇用（お雇い外国人）だったとされます。これらの人々によって導入された科学技術が、明治期の日本の「殖産興業」に資するところとなったのです。

また、海外留学生は一八六八（明治元）年以降の五年間に米国だけでも五〇〇人に達したとされ、七四（明治六）年には官費生二五〇人、私費生一二三人という文部省の記録が残っています。なお、留学制度を見直す必要が生じたため、同年末に留学生をすべて帰国させ、七六（明治八）年から新規則による少数精鋭の留学制度が採用されました。

この少数精鋭の留学制度の官費生として英国で学んだ一人が、夏目漱石（一八六七―一九一六）です。漱石は『吾輩は猫である』の中で「西洋の文明は積極的、進取的かもしれないがつまり不満足で一生をくらす人の作った文明さ」と、主人公に語らせています。この小説は、日露戦争のさなかの一九〇五（明治三十八）年に発表されましたが、当時の日本は産業革命による近代資本主義が台頭していました。「不満足で一生をくらす人」とは、際限のない欲望のままに経済優先でことを進めようとする文明人を皮肉った言葉で、漱石は文明開化の〝暗〟の側面を鋭く指摘したのです。

漱石を師と仰いだのが、物理学者の寺田寅彦（一八七八―一九三五）です。「天災は忘れた頃にやってくる」との有名な警句は寺田によるものとされますが、彼はまた「文明が進めば進むほど天然の暴威による災害がその激烈の度を増す」（『天災と国防』講談社学術文庫）という一文をのこしています。

この一文は、東京や大阪などの中心市街地を例外として、まだ電気・ガス・水道などの社会インフラや交通網が全国的に整備されていない時代に書かれたものです。当時、日本人のほとんどは井戸から水を汲み、薪で煮炊《にた》きをしていました。したがって天災が起きても、現代のように日常生活を支えるライフラインが途絶えるようなことはなく、復興も現代に比べ長い年月を要しませんでした。

明治を代表する文学者と科学者の二人が、西洋文明に対して辛辣《しんらつ》な評価を下していたことに、そして、その予見がはからずも、最近の地球規模の異常気象や「三・一一」を含む自然災害として的中してしまったことに驚きを禁じ得ないのは、私だけでしょうか。

■「和魂無き洋才」がもたらした国家の迷走

明治政府が掲げたもう一つの国家スローガン「富国強兵」は、日本を軍国主義国家に変質させました。欧米先進国と競う形で、海外に進出するようになったからです。この思想的背景が「脱亜入欧《だつあにゅうおう》」、即ち〝後進世界のアジアを脱して、ヨーロッパ列強国の一員となる〟ことでした。これによって、アジアへの侵攻を正当化しようとしたのです。

武士社会から近代国家へと変貌を遂げてから四〇年にも満たない間に、中国との日清戦争（一八九四―九五）、ロシア帝国との日露戦争（一九〇四―〇五）という二国間戦争が勃発し、いずれも日本が勝利。しかし、中国とロシアという二大国を相手に奇跡的に勝ったことが、その後の国家の迷走をもたらし、あげくに米国との太平洋戦争（一九四一―四五）での敗戦に至ったわけです。

西洋の科学文明が移入された幕末から明治初期にかけて、多くの知識人が主唱したのが「和魂洋才」でした。この言葉は、本書の第一部で紹介している佐久間象山の「東洋道徳西洋芸術」、横井小楠（一八〇九―六九）の「堯舜《ぎょうしゅん》孔子の道を明らかにし、西洋器械の術を尽くす」、橋本左内（一八三四―五九）の「器械芸術は彼（西洋）に取り、仁義忠孝は我（日本）に存す」（カッコ内は著者注）といった表現が核心になっています。ここでの〝芸術〟とは科学技術のことで、〝洋才〟に当ります。

そして三人が〝和魂〟としたのは、江戸時代の幕藩体制を支えた〝儒教的道徳〟でした。ところが文明開化に浮かれ、「脱亜入欧」をめざした為政者たちは、〝和魂〟を古臭いものとして捨て去ろうとしたのです。

これに危機感を抱いたのが、明治初期の啓蒙思想家・西村茂樹（一八二八―一九〇二）でした。西村は著書『日本道徳論』（一八八七年刊行）で、古代ギリシャや帝政ローマなどの滅亡の原因が道徳の衰退にあったとし、西洋のものなら何でも受け入れようとする節操の無さ、無見識に警鐘を鳴らしました。

実は、明治天皇（一八六七―一九一二）も〝徳育〟の必要性を痛感していて、側近の儒学者の意見を取り入れ、国民教育の基本思想とすべき徳目を「勅語《ちょく》」として総理大臣と文部大臣に示しました。それを基に『大日本帝国憲法』が制定された翌年（明治二十三）十月、『教育勅語』が発表されたのです。『教育勅語』は戦時中、天皇制下での国威発揚を目的にして軍部に利用されたことは否定できません。それだけに『教育勅語』というだけでアレルギー反応があることも事実ですが、その内容は人としての生き方の基本というべきもので、極めて当たり前のことを言っているのです。

次ページに現代的な言葉に置き換えた『教育勅語』の十二の〝徳目〟を記しましたが、これに異を唱える人はいないのではないでしょうか。

私たちの世代は、この道徳観が骨身に沁《し》みています。他方、『教育勅語』が否定された戦後教育で育った人々は、何を〝徳目〟として生きるべきかの指標がない状態なのではないか、という気がしてなりません。近年、大きな社会問題になっている〝いじめ〟や〝虐待〟は、戦後の〝徳育の欠落〟が招いたと指摘する識者もたくさんいます。

二〇一五年三月、文部科学省が小中学校で「道徳」を特別な科として格上げする通達を出し、小学校では一八年度から、中学校では一九年度から教科として学ぶことになるようですが、道徳教育に関しては「一定の価値観や規範の押し付けになる」という反対論も依然として存在します。それは、実は『教育勅語』という四文字、さらに

『教育勅語』

一、親に孝養を尽くしましょう。
一、兄弟・姉妹は仲良くしましょう。
一、夫婦は仲睦まじくしましょう。
一、友達は互いに信じ合いましょう。
一、自らの言動を慎みましょう。
一、広くすべての人に慈愛の手を差しのべましょう。
一、勉学に励み職業を身に付けましょう。
一、知識を養い才能を伸ばしましょう。
一、人格の向上に努めましょう。
一、世のため人のためになる仕事に励みましょう。
一、法律や規則を守って社会秩序に従いましょう。
一、国が危機に陥ったときは国のために力を尽くしましょう。

言えば『勅語』の二字に反発しているのであって、価値観や規範の押し付けなどと言うのは、屁理屈の域を出ないように思えるのです。

このような十二の〝徳目〟を全否定してしまうなら、日本という国家はどうなってしまうでしょうか。少なくとも初めから十一番目までは、誰もが常日頃から心がけていることだと思います。賛否が分かれるのは最後ですが、私はこれも必要と考えます。「国のため」というのは国民なら誰しもが共有すべき〝徳目〟です。〝二十世紀の名演説〟と言われるケネディ米国大統領の就任スピーチ「アメリカが諸君のために何をなすかを求めるなかれ、諸君がアメリカのために何をなすかを問いたまえ」が想起されます。「国のため」を「天皇のため」とすり替えたところから、軍国主義が台頭し始めたのです。占領軍が『教育勅語』を排除したのは、日本が再び軍国主義国家にならないように、精神的支柱を抜き取ろうとしたからに他なりません。

その精神の空白に〝自由〟や〝個人主義〟といった米国流の価値観が流入したことが、戦後の日本人の精神、つまり〝和魂〟の継承をさまたげる要因になったと見ることもできるでしょう。

§ 人間力

■乃木希典の言動に見る〝人格〟

夏目漱石の代表作の一つとされる『こゝろ』は、明治の文明開化の中で揺れ動く日本人の精神（心）を描いた小説です。現代の高校生が、「最近読んで感銘を受けた小説は何か？」というアンケートで一番多く挙げる作品だそうです。どうやら教科書に、その一部が採録されていることが原因のようですが、朝日新聞は何と一〇〇年ぶりに紙上（夕刊）で「こころ」として再連載（二〇一四年四月〜）をしています。

この小説は、明治天皇の崩御《ほうぎょ》の日（一九一二年七月三十日）の二日後にあとを追った、乃木希典《のぎまれすけ》（一八四九―一九一二）の殉《じゅん》死をきっかけに書かれたものです。乃木は明治維新を先導した長州藩の支藩・長府藩の藩士で、明治政府樹立後の一八六八（明治四）年に大日本帝国陸軍少佐に任官しました。一八九四（同二十七）年に日清戦争、一九〇四（同三十七）年の日露戦争に第三軍司令官（陸軍大将）として従軍していま す。

有名なのが、日露戦争で彼が指揮をとった〝旅順《りょじゅん》攻囲戦〟です。〝二〇三高地〟と呼ばれる小高い丘には機関銃を備えたロシア軍自慢の難攻不落の要塞があり、日本兵は苦戦を強いられました。

この戦闘に挑んだのが、乃木の第三軍でした。果敢な働きで日本軍は七日間で要塞を陥落させましたが、第三軍の戦死者は約一万二〇〇〇人にものぼりました。丘は日本兵の死体で埋め尽くされたという惨状。約五か月に及んだ〝旅順攻囲戦〟では、ロシア軍の死傷者約三万人、日本軍はその倍の六万人。この数字から、いかに悲惨な戦いだったかがわかります。

乃木は、この戦いで多くの死傷者を出してしまったことを終生悔《く》いていました。敗走するロシア軍を追って行く途中の陣営でつくった漢詩「凱旋」に、その心情がよく表現されています。

実は、乃木直筆の紙幅（次ページの写真）は、私の母の実家（依田《よだ》家）にあったも

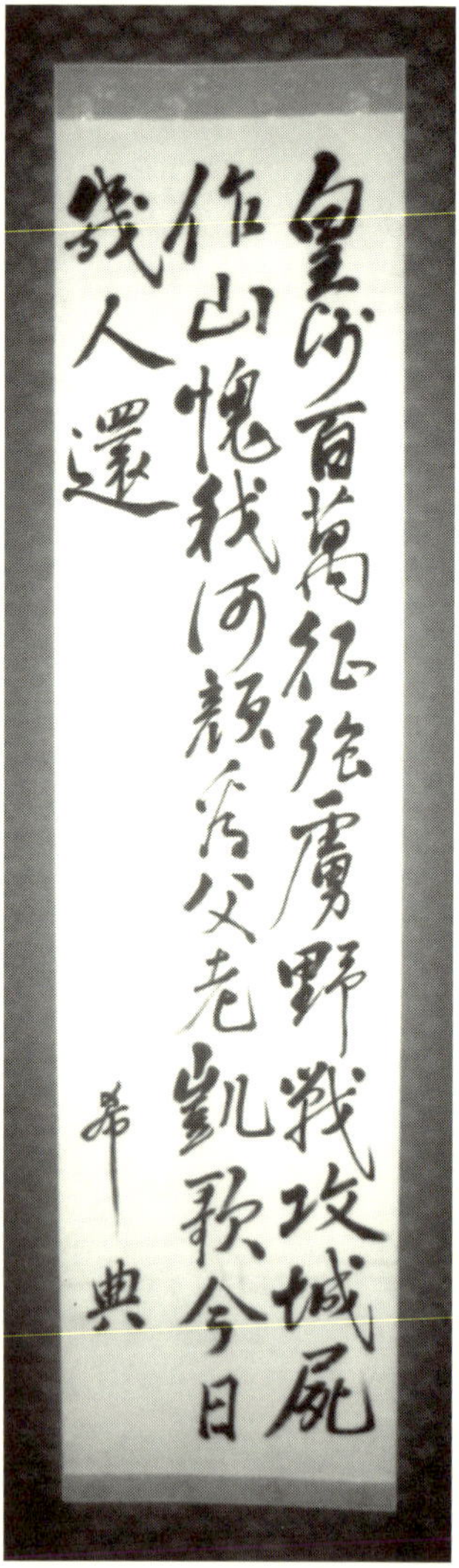

「凱《がい》　旋《せん》」

皇師百萬征強虜
野戦攻城屍作山
愧我何顔看父老
凱歌今日幾人還

希　典

皇師百萬《こうしひゃくまん》　強虜《きょうりょ》を征《せい》す
野戦攻城《やせんこうじょう》　屍《しかばね》　山《やま》を作《な》す
愧《は》ず　我《われ》　何《なん》の顔《かんばせ》あって
父老《ふろう》に看《まみ》えん
凱歌《がいか》　今日《こんにち》　幾人《いくにん》か還《かえ》る

のです。私の祖父・依田元之助が、一九〇七（明治四十）年頃に松代の真田邸を訪れた乃木に会い、そのおりに書いてもらったと伝えられています。

紙幅は母が嫁いだ時に持参し、ずっと金子家の仏壇に置かれていました。今から十五年ほど前、長男・博が軸装にし直しましたが、兄が亡くなって（二〇〇六年）、しばらくのちに私が引き継いで手許にあります。

乃木は明治維新後の一八七二（明治五）年、松代城の武装解除（廃城）に際して責任者（東京鎮台第二分営・陸軍少佐）として来て、元之助と会っています。そのような縁もあってか、真田家と元之助には格別の思いを寄せていたのでしょう。

乃木については、こんな逸話があります。凱旋将軍として帰国（一九〇六年）後、日本国内は〝乃木ブーム〟に沸きました。さまざまの栄誉が与えられ、戦役講演に引っ張りだこになる中、東郷平八郎らと共に長野を訪れました。

壇上に登った乃木は、「諸君、私は諸君の兄弟を多く殺した者であります」と言ったまま深く頭をたれ、ハンカチを手にすすり泣き、それ以上は語ろうとしなかったそうです。彼が率いた第三軍の兵士は長野県出身者が多く、それだけに自責の念もまた深かったのだろうと言い伝えられています。

この講演会が開催された場所や日時は判明していませんが、時期的にみて祖父が真田邸で乃木に会った時ではないかと思われます。講演会が終わった後、乃木が松代の真田邸を訪ね、それを知った祖父が会いに行ったのではないか。松代城の廃城の際、藩士だった祖父は二一歳で、乃木もほぼ同年齢。面会に来た祖父を、屋敷内に招じ入れ、思い出話をしたのかも知れません。そして懐かしい再会の記念にと、筆をとったのではないか…私は、そんな推測をしているのです。

話は前後しますが、乃木は要塞陥落後、ロシアの司令官ステッセルと会見をしています。有名な「出師営《すいしえい》の会見」（一九〇五年一月）です。この時、乃木はステッセルに帯剣を付けるようにうながし、酒を酌み交わして労をねぎらいました。降伏してきた軍人は丸腰になるのが当たり前ということから考えると、破格の扱いだったのです。これには事前に、明治天皇から「相手も国のために戦ったのだから、武人としての名誉を確保してあげるように」との指示があったとも言われています。

この時の乃木の紳士的な振る舞いは、世界的に報道され称賛されました。国内では、会見を題材にした唱歌（出師営の会見）がつくられ、国定教科書に掲載されました。

乃木は日露戦争で、二人の息子を戦死させています。長男を失ったあと、乃木を気づかった軍部が次男を後方勤務に配置しようとした時、彼は毅然としてはねつけ、次男もまた自ら希望して前線へ赴き戦死しました。

明治天皇の求めで学習院院長になった時、乃木は教師たちに「生徒を汝の子と思え」と訓示をしています。天皇を現人神《あらひとがみ》とし国民はその赤子《せきし》、と強調されるようになるのはもっと時代が下って軍国主義が台頭した頃からです。しかし、日清戦争と日露戦争の勝利が、〝不敗の神国〟として日本の軍国主義化を助長してしまいました。

乃木は「質素と謹厳」を美徳としていました。これは、幼い頃から学んだ儒学に基づくもので、武士道に通じる心得でした。

彼の殉死（自刃）について、漱石は「明治の精神の殉死」という意味を与えています。この「明治の精神」とは、儒教の影響を強く受けた道徳観、あるいは〝無私のこころ〟と言ってもよいでしょう。漱石は近代化が進む中にあって、欧米のように人々が自らのエゴイズムと向き合い、乗り越えなければならなくなる時代が近づいているのを予感していました。

明治天皇と乃木の死を契機に、漱石は小説を書くことで「明治の精神」に代わり得る新たな時代精神を模索《もさく》し、読者を啓蒙《けいもう》しようとしたのです。しかし一方で、新たな精神の確立をしないと「日本は滅びる」と、小説『三四郎』の中で不気味な予言もしているのです。

■トルコ人を感動させた日本人の心根

本書の「はじめに」で触れた、エルトゥールル号の遭難事件は、一八八七（明治二十）年の出来事です。

オスマン帝国の親善使節団を乗せたこの船は、明治天皇にスルタンの親書を渡して帰国する途中、和歌山県沖合で台風に巻き込まれて座礁、沈没しました。親善特使を含め五〇〇人以上が死亡しましたが、紀伊大島の住民たちが救援に駆けつけ六十九人を助け出したのです。報せを聞いた明治天皇は医者と看護婦を派遣、全国から多くの義援金が届けられました。生存者は住民たちの手厚い支援を受け、四年後に日本海軍の船で帰国――。

この美談は、オスマン帝国が消滅した後も、トルコ共和国の人々に語り継がれてきました。トルコが独立国となった時（一九二三年）、近代化政策が進められましたが、そのお手本としたのが、何と明治維新だったと言われるほど、トルコ人は日本人の心根に深く感謝していたのです。

トルコは伝統的にイスラムの国です。イスラム教徒には、ザカート（喜捨《きしゃ》）という宗教的義務があります。イスラムの教義では、困窮者を助けるために義務的な税を課し、社会的弱者の救済を求めます。エルトゥール号の遭難事件での日本人の行動は、イスラムのザカートに匹敵する〝徳〟として評価されてきたのです。

イスラム圏の人々は、情にあつく、受けた恩は子々孫々まで忘れないと言われます。一九八五年のイラン・イラク戦争で、日本人救出のためにトルコ政府が飛行機を提供したのも、淵源をたどれば明治時代のエルトゥールル号の遭難事件における日本人の善行に対する恩返し、という意味合いも込められていたようです。

人の心を温める一言

本書の原稿執筆を進めていた二〇一五年十一月十三日、パリで同時多発テロが起きました。一三〇人近くが亡くなり、負傷者を合わせると被害者は五〇〇人ほどにのぼるというニュースを見て、心が痛みました。

イスラム過激集団のＩＳ（イスラム国）による、支配地域へのフランス軍の空爆に対する〝報復〟とも言われます。一般市民をターゲットにした無差別テロは、人間性のかけらもない〝野蛮〟の極みです。

二十世紀は、第一次世界大戦（一九一四―一八）、第二次世界大戦（一九四一―四五）に象徴されるごとく、「戦争の世紀」とも言われるほど世界各国が戦争に明け暮れていました。そして二十一世紀を迎えた二〇〇一年九月十一日、米国での同時多発テロが起き、それをイスラム過激派の仕業とした米軍は〝報復〟としてイラクに宣戦布告をし、二十一世紀初の国際戦争が始まったのは周知のところです。

「報復の連鎖《れんさ》」に終始するだけで、展望が開けてくるどころか、ますます泥沼にはまって行くのではないかとの思いを禁じ得ません。

冷戦後の世界各地の紛争を見ると、貧富の格差とともに、根底には宗教対立があるように思えてなりません。まさに、ある識者が喝破《かっぱ》しているように「世界は宗教で動いている」との感がますます強くなっています。

二十一世紀も十四年が過ぎた今日、ここまであらゆる面で文明や文化が進歩し、何よりも人間の理性・知識が進んだにもかかわらず往古の宗教的理念の対立によって殺し合う現実に、悲しみと強い憤りが湧いてきます。なぜ、克服することができないのでしょうか。宗教は人間のためにあるのであって、宗教のために人間があるのではない、と私は強く思っています。

宗教的な違いがあっても、人々を思いやり助け合う精神は共通のものです。イスラム圏では敗戦から奇跡的に復興した日本に畏敬の念を抱き、その技術力の高さを高く評価する人々が多いとも聞いています。こうしたことを考えると、とりわけ日本の若者にはイスラム圏の人々とも積極的に交流を深めていただきたいと願ってやみません。心と心の交流こそが、平和への第一歩だからです。

『論語』には、「恕《じょ》」という言葉が示されています。相手の立場になって考え、嫌な言葉を発しない、嫌なことをやらないとの意で、私はこれを信条としています。孔子の教えの「仁」、孟子の「惻隠《そくいん》の情」は、いずれも、立場の違う相手、弱者や敗者を〝思いやる心〟です。

二〇二〇年に東京オリンピック・パラリンピックが開催されます。世界から多くの人びとが日本を訪れるでしょう。それでなくても、毎年日本への観光客は増加しています。こうした機会に、相手の国を知り、言葉が違い肌の色が異なり宗教の違う海外の方々の人間性を知って交流を深めることが、国と国との条約よりも世界平和への底流をつくることになると、私は確信しています。「お・も・て・な・し」の主役は日本人一人ひとりに課せられているのです。私が心しているコトバを上げます。

一言が、人の心を傷つける。

一言が、人の心を温める。

〝人間力〟を推し量る視点

私の八〇年の人生には、さまざまな人との出会いがありました。その中で〝人間力〟とも言うべき魅力のある人と、そうでない人との差がどこにあるかを考え、一つの結論に至りました。〝人間力〟を推し量るポイントは三つ、知識、常識、見識です。これらの幅の広さ、奥行きの深さの総和が〝人間力〟と言えるのではないでしょうか。

ただし、私はこの三要素の中で、知識と見識があっても、常識のない人は尊敬できません。この場合の常識とは、感謝する心ということです。

理想を言えば、知識プラス感謝に支えられた常識プラス見識…これが〝人間力〟を発揮できるベストの状態ではないかと思います。

中国の宋時代の儒者・司馬光《しばこう》は、著書『資治通鑑《しじつがん》』で人間を四つに区分しています。①知と徳に優れた「聖人」、②徳に優れているが知が劣る「君子」、③知は優れていても徳が劣る「小人」、④知も徳も劣る「愚人」です。

司馬光は「愚人」よりも「小人」が人間として最低だとしています。「愚人」は知恵も徳もないので世の中に害を及ぼさないが、「小人」はなまじっかな知恵を働かせて世渡りをしようとして害を与えてしまう、というのです。

また『論語』には、「君子には三つの畏《おそ》れるものがある。天命を畏れ、大人を畏れ、聖人の言葉を畏れる」とあります。天命とは天が人や物に与えた正理、大人とは高位高徳の人、聖人とは知徳が優れ万人が師とすべき人、という意味です。

江戸時代の武士に求められた教養は、右のような儒学（漢学）でした。特に、上下の秩序、礼儀などを重んじる朱子学が好まれました。武士の子弟は、幼い頃から儒学の教えを徹底的に学ばされました。〝素読《すどく》〟といって、意味がわからない難解な文章を体に沁み込むほど読まされたのです。武術の稽古同様、体に覚えさせることで、いざという時に役立つというのが当時の指導法でした。そして、究極の理想としたのが「天命」に従う生き方だったのです。

佐久間象山、その弟子の吉田松陰、坂本龍馬はいずれも非業《ひごう》の死をもって人生の幕を閉じましたが、それすらもまた「天命」に従った結果だったのではないかと思われるのです。

§見識を高める

見識とは、物事の成り行きや本質を見抜く力、優れた判断力といっても過言ではないでしょう。そして、これらの力が衰えていることが、現代社会の課題とも言えます。「和魂洋才」を私なりに解釈すれば、常識はさておき、〝和魂〟が見識、〝洋才〟が知識ということではないかと考えます。

私は、日本の戦後教育が知識重視に偏ったことで、見識を高めることが疎《おろそ》かになってしまっているような気がしてなりません。

■過去に学ぶ

インド哲学者で仏教学者の中村元（一九一二―一九九九）は、著作でこう述べています。

「いま東西文明の総合が問題とされている。これを解決する道は、教義だのイデオロギーのような化石化したものからは出てこない。そういうものをかつてつくり出した根底であるところのわき出る泉のような生活から出てくる。特に日本の知識人は西洋の何らかの思想体系を基盤とし、われわれの具体的人間生活を無視してものを言っている傾向がある。与えられた思想を盲目的に基準とすることをやめよ。人間の生活に即して考えよ。そこに今後の世界においてわれわれ日本人の進むべき道が見出されるであろう」(『中村元選集』春秋社)。

三〇年ほど前に刊行された本の一文ですが、この指摘は今に至っても正鵠《せいこく》を射ています。中村が言う「人間の生活に即して考える」とは、まさしく見識に他なりません。

では、見識を高めるには、どうすればよいでしょうか。

そのために必要なのは、教養ではないかと思います。私なりの考えですが、教養とは①自省、思考を深め、②想像力や対話力、即ち思いやりの心を育み、③人間、社会、世界を把握する直観の源です。

また教養は、ものの見方がどれだけ自由で幅広いか、どれだけ自己を相対化できるか、どれだけ多様な状況に対応できるか…を決めるものだと思います。したがって〝人間力〟の向上にとって教養は不可欠、と言うことができるのです。

例えば高度情報化時代の今日、情報は大量かつ流れは急速で、それをつかまえるにはつかむなりのベースがなければなりません。そのベースが教養で、教養の幅が狭く底が浅いと情報をつかみ損《そこ》なったり、ニセ情報をつかんでしまうことになりがちです。

今や、自分で考えなくとも得たい情報を居ながらにして入手できます。しかし、入手するための時間が大幅に短縮された反面、精神における深化のプロセスが省略されたことで思考力の劣化、判断力の低下を招いてしまっています。

このような視点からも教養が大事なのですが、その中身は哲学、歴史、文学などの人文社会系の学問で、すぐに役立たないものです。二〇一五年六月、文部科学大臣が国立大学の人文社会系学部の廃止を含む組織改編を指示したとの報道が流れ、学会や経済界がそれに抗議をするという事態が起きました。あまりの騒ぎに文部科学省は通知ミスとして、火消しにやっきになりました。しかし、この背景には、三〇年ほど前から指摘されてきた文部行政の教養軽視の姿勢があったのです。

すぐに役立たない学問を無用として排除しようとの姿勢は、嘆かわしいかぎりです。こうした態度こそが、教養の無さを露呈《ろてい》しているのです。かつて日本の大学では一般教養課程として、文科系では自然科学を、理科系では歴史・哲学などを学ぶのが当然とされていました。ちなみに、私が大学（中央大学工学部）三年生の時に教わった福田光治先生は、原子模型を確立した功績でノーベル物理学賞を受賞したニールス・ボーア（一八八五—一九六二）の直弟子でしたが、ボーア研究室には哲学書ばかり置いてあったそうです。大学院では、上田大助先生に西洋哲学史をベースにした理論の立て方を教わりました。大学時代に哲学の重要性に気づかされたことが後年、科学技術に携わる仕事のみならず、我が人生を豊かなものにしてくれたと思っています。

「過去を変えることはできないが、過去に学ぶことはできる」との箴《しん》言のごとく、教養の出発点は歴史から何かを得ることと言ってよいでしょう。これは、本書の主眼でもあります。その意味で近年、歴史ブームが起き〝歴女（歴史マニアの女性）〟という造語まであるのは、歓迎すべきことです。ただ、大事なのは知識ではなく、歴史から何を学んだかではないでしょうか。

二〇一五年一月末～二月三日、私は台湾を訪れました。「桜を植える会」に参加するためです。以前、台湾在住の中央大学の卒業生（十七名）に、渡されていなかった卒業証書を授与する式典が開催されました。そのおり日本から出席した有志が、記念に毎年桜の植樹をしようということでこの会が発足し、数年後から植樹に訪れるようになったのです。私は同窓のよしみで知人に誘われ、今回初めて参加したのですが、案内された台中の霧社《むしゃ》という村の小学校は、山奥のさらに奥の不便な場所にありました。しかし、日本の統治下だった時代につくられた小学校があったのを知って驚きました。都会ならまだしも、こんな辺鄙《へんぴ》な所にまで学びの場をつくった先人の配慮に、私はただただ感動するばかりだったのです。

台湾は一八九五（明治二十八）年、日清戦争に勝利した日本が清国から割譲された島です。当時の人口は約二五〇万人で、先住民族と漢民族の移民が暮らしていました。それから五〇年、第二次世界大戦の敗戦国になるまで日本の統治が続きました。実は、清国との間で交わされた条約（下関条約・一八九五年）で、我が国は清国に対して、台湾の独立国として地位を認めさせているのです。この経緯については諸説あるので深入りしませんが、私は日本政府のこの対応にある種の見識を覚えるます。

台湾を併合した日本がまず行ったのは、道路や鉄道などの社会資本を整備し、産業発展の基盤をつくったことです。さらに、読み書きができなかった台湾人に義務教育を受けさせました。台湾の人々が今日でも親日的なのは、たとえそれが日本への同化政策の一環だったにしても、教育機会を与えてもらったことへの感謝の念があるからではないでしょうか。

同じく我が国が併合した朝鮮（韓国・北朝鮮）でも、統治時代の三十五年間に師範学校三十六校のほか、学校を五二〇〇もつくっています。また、「日本の朝鮮統治は植民地支配でなく、あくまで彼らの議会が採決し選んだ合併で、それによって朝鮮の近代化が進み、ロシアの属国になることを免れた」とも言われます。

実は、明治時代から昭和初期にかけて、日本で最上位の高等教育機関は帝国大学でした。東京帝大（一八八六年）以下、国内に九校設置されましたが、その中に京城帝大（朝鮮・一九二四年）と台北帝大（台湾・一八年）が含まれ、何と大阪帝大（三一年）・名古屋帝大（三九年）に先んじて設置されたのです。このことからも、統治した民族に対しては分け隔《へだ》てなく教育機会を与えたことがうかがえます。

英国がインドで、フランスがベトナムで植民地政策をとった時は、現地民に教育機会を与えることはしていません。むしろ、無知のままのほうが統治しやすいからです。日本のこのような統治政策を、ヨーロッパでは「考えられないことだ」と言う人が多いのも事実です。私の個人的意見ですが、日本が国外で行った教育貢献という点に、もっと光を当てるべきではないかと思います。

感謝する心

このところ、「これからの日本を構想する上で必要なのは、近代のとらえ直し」とよく言われますが、私も同感です。

そのための大事な視点を示す一文を、以下に紹介します。

「昭和20年、敗戦により破滅的打撃を受け、国家解体の危機に瀕したが、廃墟の中から不死鳥のごとく立ち上がり、世界の奇跡と言われた復興を成し遂げ、経済大国へと成長していった時点で、未だ日本文明のもつ明治以来のよき伝統の精神構造は、国家・国民の中に生き続け、日本人のアイデンティティーとして、これぞ日本人と言える美質をもっていた。（中略）しかしながら現在の日本は、あたかも、昔の面影も偲べないほど別人のごとく変貌した人になりつつある。」（中西真彦『日本文明論序説』）

では、いつから日本人は明治以来のよき伝統の精神構造、そして美質を失ってしまったのでしょうか。それは敗戦後の日本が個人至上主義、経済第一主義で突き進んできた結果、到来したバブル経済期（一九八〇年代後半～九〇年代初頭）だったのではないか、と私は考えます。

それまでは勤勉で道徳心に優れた日本人が、欲望を満たすことを目的に富を際限なく追い求める生き方に転じたことで、精神の次元での貧しさを招くことになったのです。幸福とは、精神が豊かで満たされていることです。精神が満たされていれば自ずと感謝の念が湧き上がってきます。また、感謝の念を抱きつつ生きている人は、幸福です。

この「エピローグ」の冒頭で、「西洋の文明は積極的、進取的かもしれないがつまり不満足で一生をくらす人の作った文明さ」との夏目漱石の言葉を紹介しましたが、私には欲望に引きずられ感謝する心を忘れた現代人の出現を予告した言葉のように思えるのです。そして教養とは、そうした心を育むための学問とは言えないでしょうか。

一歩踏み出す本気

明治維新を成し遂げた若者たちは、私欲を離れた〝志《こころざし》〟を抱いて、命がけで新しい国づくりのために一歩踏み出しました。

〝志〟とは、夢のように個人的なものではなく、社会に対してどう尽くすかという覚悟のことで、一人で実現できるものではありません。最低でも三世代、一〇〇年かかるということは、歴史が物語るところです。〝志〟を抱いた人が本気で一歩踏み出した時から、人々との出会いの中で共感が生まれ、同志ができるのです。他者の共感を得られない考え・思想は〝志〟とは言えません。そして〝志〟は高ければ高いほど、多くの人の心を揺り動かし、やがて時代精神になります。

吉田松陰は、佐久間象山と出会い、師とした象山の言葉で外国へ行こうと本気で一歩踏み出しました。象山は「二〇代で松代人であることを知り、三〇代で日本人であることを自覚し、四〇代で世界人であることを学んだ」という意味の言葉をのこしています。維新前後の二〇年間、中でも明治になってからの五年間は特筆すべき国策が実行されました。このような短期間で新しい国づくりが成し遂げられた理由は何だったのか。私は本書で、その問いかけを読者の方々と共有し、一緒に考えてみたかったのです。最近、私が友人の理学博士・本田伸吉さんに聞き、心動かされた言葉があります。彼は、母親の自室に掲げてあったそれを読んで、いつしか体に沁《し》み込んでしまったそうです。調べてみると、「本気」と題する詩で、作者は大正時代後期から昭和初期まで社会教育家として全国に名を知られた後藤静香《せいこう》（一八八四―一九七一）という人でした。

この詩は、八〇歳になった私の心境を端的に表しています。そこで本書の締めくくりにふさわしいと考え、紹介させていただきます。

本気ですれば、大抵なことはできる。
本気ですれば、何でも面白い。
本気でしていると、誰かが助けてくれる。
人間を幸福にするために、本気で働いているものは、
みんな幸福で、みんな偉い。

［主な参考図書］

「佐久間象山の世界」（真田宝物館・象山記念館編／長野市発行）
「松代文武学校」（松代小学校編／松代藩文化施設管理事務所発行）
「評伝　佐久間象山（上・下）」（松本健一／中央公論新社）
「富岡製糸場事典」（上毛新聞社）
「製糸工女のエートス」（山﨑益吉／日本経済評論社）
「渋沢栄一」（鹿島茂／文藝春秋）
「渋沢栄一　社会起業家の先駆者」（島田昌和／岩波新書）
「君はトミー・ポルカを聴いたか」（赤塚行雄／風媒社）
「幕末の知られざる巨人 江川英龍」（江川文庫主務 橋本敬之／角川ＳＳＣ新書）
「江戸の理系力」（洋泉社）
「江戸人物科学史」（金子務／中公新書）
「図説江戸・幕末の教育力」（洋泉社）
「乃木希典」（佐々木英昭／ミネルヴァ書房）
「寺田寅彦」（小山慶太／中公新書）

※引用文の出典は文中に記しました。

あとがき

■惜別の歌

戦後七〇年の大きな節目の二〇一五年――。同窓（中央大学）の先輩・藤江英輔さんが亡くなりました。享年九〇。私より一〇歳年長で、この年代の方々は、戦時中の学徒出陣やそれに続いた学徒動員の波をもろに受けておられます。

大学は閉鎖され、藤江さんは陸軍第一造兵廠《しょう》という軍需工場（東京・板橋）に配属されて兵器づくりに従事。戦局が厳しくなると共に、工場の学生たちに続々と召集令状が来るようになり、「お国のために死ぬ」という決意を深めざるを得なくなったのです。

藤江さんは、島崎藤村の「高楼《たかどの》」という詩をもとにした「惜別《せきべつ》の歌」の作曲者としても知られています。♪遠き別れに耐えかねて　この高楼に登るかな…で始まる「惜別の歌」はたくさんの人に愛され歌われてきましたが、特に中央大学に学んだ者にとっては「第二の校歌」とも言える愛唱歌です。この歌が生まれた経緯についてはいろいろ言われていますが、中央大学出身の私が聞いた話は次のようなことでした。

藤江さんが配属された軍需工場では、親しい友人たちが戦場へと駆り出され、その〝別れ〟を惜しむ歌が、工場内で歌われるようになったというのです。島崎藤村の詩集「若菜集」の一作にメロディを付けた「惜別の歌」でした。初めは藤江さんが、ひとり口ずさんでいたのですが、教えてほしいとせがまれ、次第に工場内に広まったそうです。さらに、勤労奉仕に来ていた女子学生たちが戦地に赴く学生を見送る際のは・・・なむけの歌として、合唱するようになりました。

この逸話を私は、母校の創立一三〇年を記念する同窓会（二〇一五年十一月・理工学部電気電子情報通信工学科）の席上、後輩の勝山達志さんからうかがい、ひとしお感慨を新たにしたのです。

ふるさと讃歌

我がふるさと松代は、島崎藤村（一八七二—一九四三）の詩集「落梅集」の「千曲川旅情の歌」と「小諸なる古城のほとり」の二作に詠み込まれた千曲川が育んだ地です。

私は一九三五（昭和十）年六月、金子藤作《とうさく》と筆野《ふでの》の末子として生をうけました。父が五五歳、母が四六歳で、上に三男三女がいました。国策が〝産めよ増やせよ〟だったので、どの家も子だくさんでした。

五歳の時（一九四〇年）、両親と三人で京都旅行をしました。京都は紀元二六〇〇年祝賀行事のさなかで、のぼり旗が立ち並んでいたのを鮮明に覚えています。

周知のように京都は明治維新の舞台となりました。残念ながら多くの有為な若者が血で血を洗い、たおれていきました。結果として鎌倉時代以降の武士社会は崩壊し、天皇を中心とする明治新政府が誕生。世界的な時の流れもあったでしょうが、時代回天のエンジンは閉塞した時代を打ち破ろうとした若者たちの〝たぎる情熱〟にあったことは間違いないでしょう。いうならば、明治維新は

父・藤作（60歳）

母・筆野（51歳）

命を懸けた〝志〟と、命を懸けた〝義〟とのせめぎ合いの結果、もたらされたものに他なりません。

と共に、日本古来の精神的基盤になっていた天皇制も大きな役割を果たした、と私は考えます。西洋的な〝革命〟ではなく〝維新〟ということが、それを物語っています。その象徴的な出来事は、幕府以下の三〇〇余の諸藩が天皇に領地を返したことです。さらに、忘れてならないのは〝教育〟でしょう。実は江戸時代には全国に藩校、私塾、寺子屋が網羅されていました。こうした〝裾野《すその》教育〟が長年培ってきたものが明治維新の土壌となった、と私は見ています。

著者（5歳）

ともあれ、幕末から明治初期にかけての一〇年ほどの短期間で、日本は国体を一変させ、近代化へ向けて第一歩を踏み出しました。この凄《すさ》まじいエネルギーの源泉は何だったのか…それを問いつつ、書き綴った次第です。

繭糸《けんし》商人の父も、松代藩の下級武士の娘だった母も共に明治生まれで、兄姉は「厳格だった」と口ぐちに言っていましたが、孫と言われても不思議ではない晩年に授かった私だけには例外でした。母は兄姉に「和夫は親に一番早く死に別れる可哀想な子だから常に守ってあげなさい」と言っていたそうです。その母は九〇歳、父は八〇歳で没しました。

一九五五（昭和三十）年、私は中央大学に入学、大学院卒業後は半導体の分野に将来性を見出し、起業しました。以来、科学技術者の一人として今日に至ってもなお第一線で働いています。こうして元気でいられるのは、丈夫な体で産んでくれた母、そして父のおかげと、感謝の思いが日ごとにつのります。

めったに帰ることがなくなった我がふるさとは、行けば昔のままの変わらぬ自然が迎えてくれます。あちらの山も、こちらの場所にも、小さい頃の思い出が鮮明に蘇ってくるものがあり、心が癒されます。それだけで、ふるさとには感謝の思いが尽きません。

本著では近代科学の先駆者たちに光を当ててその業績と人物像について、私の思うところを書いてきましたが、改めて調べてみると明治維新以前から鎖国という、ある意味情報が閉ざされた中で、実は世界に伍《ご》する知見を持った先人が科学、実業、その他の分野に数多くいたことに素直に驚嘆しました。と共に、余りにも知らなすぎたことに恥じ入り、申し訳ない気持ちでいっぱいです。

こうした人たちによって我が国は、アジアでは先んじて短期日の間に近代国家を創り上げ、現在の日本があることに熱い思いが込み上げてきます。だからこそ、私を含めて今を生き未来に生きる人々は、日本が前途を誤らないよう心していかなくてはならないと思うのです。

最後に、既著二冊同様に企画から発刊に至るまでお力添えを賜った、松嶋健壽さん、安部直文さんに心より謝意を表します。また、糟糠の妻・佳世にも感謝です。

―本書を我が父母に捧ぐ

〈著者プロフィール〉

金子　和夫（かねこ　かずお）

一九三五年、長野県松代町に生れる。中央大学工学部卒業、同大学院修士課程修了。日本エンジニアリング株式会社を創業し、同社を半導体検査装置の分野でのリーディングカンパニーに押し上げる。神奈川県中小企業同友会代表理事としても活躍をし、朝日新聞「かながわ100人の肖像」で紹介される。

現在、アイコンテクノ株式会社代表取締役会長、株式会社トリウムテックソリューション取締役会長のほか、「国家ビジョン研究会」統括会議税制調査分科会メンバー、一般社団法人環境政策フォーラム会長、中央大学学員会川崎支部白門会名誉会長などを務める。

著書は『「脱原発」で本当に良いのですか？』、『「原発」、もう一つの選択』（いずれも小社刊）。

ごま書房新社のホームページ
http://www.gomashobo.com

近代科学の先駆者たち

著　　者	金子 和夫
発 行 者	池田 雅行
発 行 所	株式会社 ごま書房新社 〒101-0031 東京都千代田区東神田 1-5-5 マルキビル 7F TEL 03-3865-8641（代） FAX 03-3865-8643
装丁・デザイン	（株）オセロ
DTP	田中 敏子（Beeing）
印刷・製本	東港出版印刷株式会社

©Kazuo Kaneko. 2016. printed in japan
ISBN978-4-341-08633-6 C0020

ごま書房新社の本

金子和夫の本

現代科学の“申し子”とも言うべき「原子力発電」をテーマにした実業家・科学技術者である著者の警世の書。

「脱原発」で本当に良いのですか？

民間の「もう原発はご免だ」との声も理解できないわけではありませんが、原発をイデオロギー的な“対立の具”にするのではなく、幅広い学術的な衆知を結集して“最善”の方途を見出す努力をすることが、喫緊の課題ではないでしょうか。

本体1300円＋税　四六判　232頁　ISBN978-4-341-08507-0　C0030

「原発」、もう一つの選択

「反原発・脱原発」でも「原発依存・原発再稼働」でもない、「第三の道」がある!!
〈核兵器〉を生む「ウラン」ではない!
「トリウム原子炉」という人類を救う原子エネルギーの開発が動き出した!

本体1300円＋税　四六判　184頁　ISBN978-4-341-08608-4　C0030

ごま書房新社の本

ベストセラー！　感動の原点がここに。

日本一　心を揺るがす新聞の社説

みやざき中央新聞編集長　水谷もりひと　著

大好評 13刷！

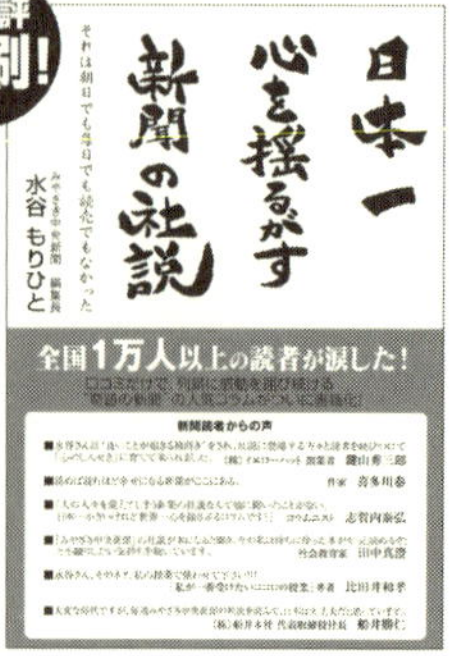

タイトル執筆・しもやん

●感謝　勇気　感動　の章

心を込めて「いただきます」「ごちそうさま」を/なるほどぉ～と唸った話/生まれ変わって「今」がある　ほか10話

●優しさ　愛　心根　の章

名前で呼び合う幸せと責任感/ここにしか咲かない花は「私」/背筋を伸ばそう！　ビシッといこう！　ほか10話

●志　生き方　の章

殺さなければならなかった理由/物理的な時間を情緒的な時間に/どんな仕事も原点は「心を込めて」　ほか11話

●終　章

心残りはもうありませんか

【新聞読者である著名人の方々も推薦！】

イエローハット創業者/鍵山秀三郎さん、作家/喜多川泰さん、コラムニスト/志賀内泰弘さん、社会教育家/田中真澄さん、(株)船井本社代表取締役/船井勝仁さん、『私が一番受けたいココロの授業』著者/比田井和孝さん…ほか

本体1200円＋税　四六判　192頁　ISBN978-4-341-08460-8　C0030

大好評 6刷！

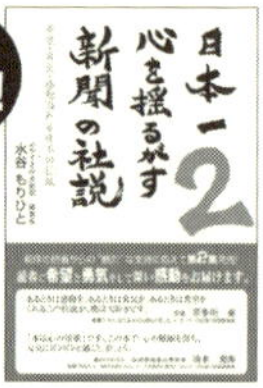

前作よりさらに深い感動を味わう。待望の続編！

日本一　心を揺るがす新聞の社説2

希望・勇気・感動溢れる珠玉の43編　水谷もりひと　著

●大丈夫！　未来はある！（序章）　●感動　勇気　感謝の章

●希望　生き方　志の章　●思いやり　こころづかい　愛の章

「あるときは感動を、ある時は勇気を、
あるときは希望をくれるこの社説が、僕は大好きです。」作家　喜多川 泰

「本は心の栄養です。
この本で、心の栄養を保ち、元気にピンピンと過ごしましょう。」
本のソムリエ　読書普及協会理事長　清水 克衛

［あの喜多川泰さん、清水克衛さんも推薦！］

本体1200円＋税　四六判　200頁　ISBN978-4-341-08475-2　C0030

好評 2刷！

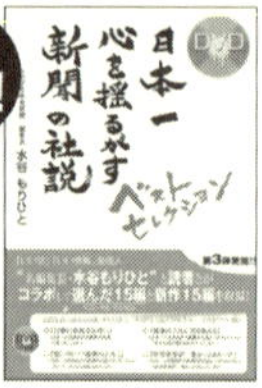

魂の編集長“水谷もりひと”の講演を観る！

DVD付　日本一　心を揺るがす新聞の社説　ベストセレクション

書籍部分：

完全新作15編＋『日本一心を揺るがす新聞の社説1、2』より人気の話15編

DVD：水谷もりひとの講演映像60分

・内容『行動の着地点を持つ』『強運の人生に書き換える』
『脱「ぱらぱら漫画」の人生』『仕事着姿が一番かっこよかった』ほか

本体1800円＋税　A5判　DVD＋136頁　ISBN978-4-341-13220-0　C0030

ごま書房新社の本

ベストセラー
シリーズ累計
19万部!

第1弾 私が一番受けたい **ココロの授業** 人生が変わる奇跡の60分

第2弾 私が一番受けたい **ココロの授業** 講演編 与える者は、与えられる―。

比田井和孝　比田井美恵 著

本書は、長野県のある専門学校で、今も実際に行われている授業を、話し言葉もそのままに、臨場感たっぷりと書き留めたものです。授業の名は「就職対策授業」。しかし、この名のイメージからは大きくかけ離れたアツい授業が行われているのです。「仕事は人間性でするもの」という考えに基づいたテーマは、「人として大切なこと」。真剣に学生の幸せを願い、生きた言葉で語る教師の情熱に、あなたの心は感動で震えることでしょう。

本体952円＋税　A5版　212頁　ISBN978-4-341-13165-4　C0036

読者からの熱烈な要望に応え、ココロの授業の続編が登場!本作は、2009年の11月におこなったココロの授業オリジナル講演会をそのまま本にしました。比田井和孝の繰り広げる前作以上の熱く、感動のエピソードを盛り込んでいます。前作に引き続き、「佐藤芳直」さん、「木下晴弘」さんに加え、「中村文昭」さん、「喜多川泰」さんなど著名人の感動秘話を掲載!与える者は、与えられるのココロがあなたの人生を大きく変えるでしょう。

本体952円＋税　A5版　180頁　ISBN978-4-341-13190-6　C0036

感動の
お便り続々!

ようこそ
感動指定席へ!　言えなかった「ありがとう」

志賀内泰弘 著

中日新聞で300回以上連載中の「ほろほろ通信」が書籍化!
ココロが"ほろり"とする100話の感動物語

「ほろほろ」とは、花びらや葉っぱ、そして涙が静かに零れ落ちる様のこと。心がポカポカして、ときには胸が熱くなる「ちょっといい話」のコーナーです。

毎週日曜日の朝刊に掲載されていることから、「今日の話はいいねぇ」とか「泣けるよ～お父さんも読んでみて」などと家庭で話題になっているという声をよく耳にします。また、小・中学校の先生方からは、「道徳やホームルームの時間に活用しています」というお便りも。生徒さんの感想文を送って下さる先生もいらっしゃいます。心が疲れたときぜひ本書を読んで元気になってください。

本体1300円＋税　四六版　236頁　ISBN978-4-341-08546-9　C0030

ごま書房新社の本

～魂の編集長が選んだ「教科書に載せたい」新聞の社説～

いま伝えたい！
子どもの心を揺るがす“すごい”人たち

みやざき中央新聞「魂の編集長」
水谷もりひと

『日本一心を揺るがす新聞の社説』シリーズの新境地！“魂の編集長”が選んだ“いい話”40編。
子どもの目を輝かせるためには、教育者や親たちがまず興味を持ち、感動してください。

最新刊

【序　章】～誰もが「夢しかなかった」少年少女時代～
【第１章】すごい大人たちを知ってほしい～魂の編集長が行く！～
必要な勇気は最初の一歩だけ／忘れず、語り継ぎ、足を運ぼう…ほか
【第２章】親や教育者が子に伝えてほしいすごい考え方～「情報は心の架け橋」by魂の編集長～
入学式の祝辞、新入生起立、礼。／大好きだよって言ってますか…ほか
【第３章】すごくいい話は世代を超えてじんとくる～魂の編集長の心が震えた！～
震災はずっと今も続いている／お世話になったと感じる心を…ほか
【終　章】～ライスワークからライフワークの時代へ～

本体1300円＋税　四六判　220頁　ISBN978-4-341-08609-1　C0036

この本読んで元気にならん人はおらんやろ

～熱い三人とゆる～い一人、アホ四天王からの入魂メッセージ～

監修・文：水谷もりひと
談：中村文昭、しもやん、てんつくマン、大嶋啓介

好評2刷

【いま　人生のスイッチがONになるとき！】
ベストセラー『日本一心を揺るがす新聞の社説』の著者、みやざき中央新聞・魂の編集長“水谷もりひと”の本気の取材を活字化！　4人の人気講師の講演を独自の解釈を加え再現。
クロフネカンパニー代表、年間300回以上の人気講演家“中村文昭”さん、独自の「下川式成功手帳」が大ヒット、筆文字講師の“しもやん”（下川浩二さん）、元お笑い芸人であり、現在は映画監督まで幅広く活動中の“てんつくマン”（軌保博光さん）、「居酒屋てっぺん」代表、若手経営者に絶大な人気を誇る“大嶋啓介”さん。
この4人の入魂メッセージがあなたの人生を一変させる！

本体1300円＋税　四六判　188頁　ISBN978-4-341-08567-4　C0095